自信がなくても
行動すれば 自信はあとから
ついてくる

マインドフルネスと心理療法ACT《アクト》で人生が変わる

ラス・ハリス

岩下慶一・訳

The Confidence Gap

A Guide to Overcoming Fear and Self-Doubt

Russ Harris

筑摩書房

ユラニーとブルースに

たくさんの愛と援助、そして励ましをありがとう。

必要な時にいつもそばにいて、横道にそれた時に優しく導き、

私の人生に優しさと光をもたらしてくれたことに感謝します。

スティーブン・ヘイズ博士の序文

人間として生きるのは大変なことだ。我々はおそらく、地球上のどの生物よりも多くの困難を抱えている。「そんな馬鹿な！」。反論が聞こえてきそうだ。「周りを見てみろ。食料、水、安全、暖かさ、住居、社会からの刺激、少なくとも先進国では、必要なものはすべて揃っているじゃないか」。おっしゃる通りだ。だがそれによって人々の心はますますすさんでいる。何もかも手に入れた生き物が、未来を恐れ、過去の失敗を思い悩み、不安と自己不信に押し潰されているのはなぜなのか？

その答えはあなたを仰天させるだろう。私たちを成功に導いてくれる能力こそが、私たちの心をかき乱しているのだ。

人間の心は問題を解決するための器官だ。それは危険を察知し、状況を分析し、ものごとの結果を予想し、取るべき行動を提案する。私たちの肉体を取り巻くこの世界において、心は素晴らしい働きをする。だがこの論理的能力が自分自身に向けられる時、人生は経験すべきことではなく、解決すべき問題になってしまう。こうして巧妙な罠が口を開ける。私たちは内なる世界で戦いを始め、人生は行き詰まる。

理由は簡単だ。内なる世界は論理ではなく、心理的なものだからだ。人間の成長と経験のルールは、外の世界のそれとは正反対のものだ。床に落ちている変な臭いのする食べ物は、ゴミ箱に放り込むのが正解だ。だが私たちの心の奥底にひそむ恐れに対しては、排除は最悪の対処法となる。

今現在あなたが自信のなさにひどく悩まされているなら、それはとても幸運なことだ。この上なくラッキーだ。人生はあなたに「いい手札」をくれたようだ。どういうことか説明しよう。

自信の問題を抱える人々は、大きな罠に足を取られているようなものだ。彼らは自分の中に問題があると思いこみ、自分が罠に足を突っ込んでいるとは考えもしない。罠の痛みで足を引きずり、思うように歩けないというのに。あなたもこの状況に陥っているかもしれない。これのどこがラッキーなのだろう？　一つは、片足を罠に取られていることをあなたが知っている点だ。罠に囚われた多くの人はその事実に気付いてさえいない。彼らは痛みなどないようにふるまい、ひたすら働く。

もう一つの幸運は、科学的に証明された、罠から解放されるための方法が存在することだ。だが多くの人は、現代科学によって役に立たないことが証明された、いかさまじみた方法にすがりつく。

さらにラッキーなことに、自信のなさに対処する方法を身につければ、問題を抱えた時（現実的に言うならこの次に問題が起きた時）、はるかにうまく対処できるようになる。あなたの抱える問題は、言ってみれば入場料だったのだ。それはもう十分に支払われている。そして今、学びと変身に挑戦するお楽しみがやってきたのだ。

重たく苦痛な罠を引きずる人生から解放され、人生を謳歌するのは素晴らしい気分だ。

この本は、自信のなさと物事をうまくやり遂げることの間に横たわるギャップを示してくれる。本書にある通りに取り組めば、心理学的に有効な方法を見つけることができるだろう。

ただし、それは予想に過ぎず、必ずうまくいく保証はない。著者のラス・ハリスは、この方法の根本にある科学については多くを語らない。しかしそれは、膨大な研究に基づいており、研究は今も継続している。本書で語られる心の科学は、少なくとも一五〇の研究が元になっている。間接的なものも含めるとその数は数百に上るだろう。これらによれば、アクセプタンス＆コミットメント・トレーニング（ＡＣＴ）関連の本を注意深く読み、その手法を実践した人々は大きな変化を経験しているという。

ラスはこの素晴らしい本の中で、「自信のギャップ」がいかに作られるかを示し、人間の成長と生まれ変わるための法則を教えてくれる。おそらく彼は、ＡＣＴ界で最も分かりやすい著述家であり、最も才能のある臨床医であり指導者だろう。複雑なことをシンプルに説明する驚くべき能力を持っており、その才能は本書でも再び発揮されている。私がＡＣＴの研究を始めてから三〇年が過ぎているが、本書は私を感動させ、勇気づけ、多くを教えてくれる。ラスはまたもや私の目を開かせてくれた。

自信に関する葛藤から解放されるなら、まさにラッキーではないか？　生涯を通して使える深遠な知識を学べるなら、より自由な道に導いてくれた運命に感謝を捧げるのではないだろうか？

葛藤を克服した時、あなたは私が冒頭で言った言葉、「人間として生きるのは大変なことだ」について、別の見方をしているだろう。生きることが大変なのは、与えられたものが少ないからでも、ひどい出来事が起こるからでもない（そうしたことは時たま起こるけれど）。人生が困難なのは、強さと達成の源である論理的な心が、私たちを巧妙な罠に誘い込むからだ。

だが、あなたはこれらの誘いを丁重に断る方法を学ぶことができる。これを幸運と言わずしてなんと言おう。

愛と平和、そして生きる力を。

スティーブン・Ｃ・ヘイズ（ネバダ大学心理学教授）

contents

はじめに　冒険の一歩を踏み出すか、それとも何もしないか

もう少し勇気があったら、あなたの人生はどのように変わるだろうか？

「自信がない」「失敗するのが怖い」「人前に出るのが不安だ」「自分が信じられない」、言い方はさまざまだが、あなたはこうした考えに対する大きな代償を支払ってきた。考えてみて欲しい。今まで何をあきらめたか？　どんな機会を失ったか？　恐れのせいでどんなチャンスを逃してきたかを？

私は過去何年も、「自信がない」ために自分の望みや夢、野心への挑戦を躊躇している、文字通り何千という人々と関わってきた。残念なのは、こうした自信の欠如は彼らのせいではないということだ。それは彼らが愚かだからでも、怠惰、ネガティブ思考だからでも、不遇な幼少期を過ごしたせいでもない。ましてや脳内物質の不均衡のせいでもない。ただ一つの理由は、彼らが「自信のゲーム」のルールを知らないことだ。

■自信のゲーム

「自信」とはゲームだ。熟練を要する心理的ゲームだ。だが残念なことに、社会は私たちに間違ったルールを押し付けている。あなたはもう何年にもわたり、自信に関する記事を読み、セルフヘルプの本を買い、テレビ番組を見ただろう。あるいは家族や友人、医療関係者から、失敗への恐れを乗り越え、自己不信を取り除き、自信を高める方法を教えてもらったかもしれない。そのうちいくつかは効

果があっただろうが、結局あなたの望むものではなかったことも断言できる。では、新しい世界に足を踏み入れる準備はできただろうか？　それは挑戦しがいのある世界だ。今までとはまったく異なる、革新的なルールだ。挑んでみる気はあるだろうか？

私は、あなたがさんざん聞かされてきたありきたりの方法――視覚化、自己催眠、ポジティブアファメーション（肯定的な宣言）、ネガティブ思考の否定、リラクセーション、自己肯定、〝それが実現するまであたかも事実であるかのようにふるまう〟戦略など――を繰り返すつもりはさらさらない。現実を否定し、宇宙に願い、それが与えられることを信じるだけで何でも実現すると主張するつもりもない（そう言った方が本の売り上げは上がるだろう。何の努力もなく欲しいものは何でも手に入る、と主張する本ほど売れるものはない）。

そのかわり、今までの挑戦がうまくいかなかったのはあなたのせいではないことを示そう。あなたは今まで、自分の努力が足りないか、やり方が間違っていると思っていたかもしれない。あるいは、ポジティブ思考が足りないと考えているかもしれない。ネガティブ思考をもっと徹底的に追い払わなければ、リラクセーションテクニック、自己催眠、視覚化にもっと熟達しなければ、と思っているかもしれない。だが本書を読み進めるうちに、これらのよく知られた方法が、しばらくは恐れや不安、自己不信などから遠ざけてくれはするものの、長く続く本当の自信をもたらすものではないことに気づくだろう。なぜか？　それらは自信のゲームの間違ったルールに基づいているからだ。正しいルールを知らなければゲームに勝てるわけがない！

ここでちょっと読むのを中断し、今自分が何を考えているか見てみよう。本書を通してあなたに、自分の心の動きにもっと注意を払うことをお願いしたい。心がどのように反応し、何を伝えようとしているかに注意を向けるのだ。自分の思考プロセスに気づけることは、とても重要なテクニックだ。

これを行えば行うほど、心の働きについての理解が深まる。これは後々とても役に立つ。なので是非、少しのあいだ本書を脇に置いて心が伝えようとしていることに耳を傾けて欲しい。

＊＊＊＊＊

あなたは、「何でこんなことが起こったんだ?」「どこで道を誤ったんだ?」「なぜ間違ったルールを覚えてしまったんだ?」などの思考に気づいただろうか? 実際のところ、現代社会において間違ったルールを学ばずに成長することはほぼ不可能だ。私たちは小さな子供の頃からそれを学習してきたのだ。それは社会にしっかりと定着し、広く知れ渡った物語やハリウッド映画、有名雑誌、大衆向けの心理学者、自己啓発の師《グル》、催眠療法士、モチベーションの専門家、さらにはその道のプロや友人、親戚による〝常識的〟アドバイスなどによって強化されていく。これらのルールにしがみついているために、人々は〝自信のギャップ〟にはまってしまうのだ。皆、恐れを乗り越えようと躍起になり、短期間の効果しかないツールや方法を使って恐れを押さえ込み、自信を手に入れようとする。その結果、人は常に〝もっと多くの自信〟を追い求めるようになってしまう。

では、〝間違ったルール〟とは何だろうか? そして自信のゲームに勝つための〝正しいルール〟とは? 本書を読み進めるうちに、あなたは段階的にそれを見つけていく。なので、第1章にも至っていない今の時点ですべてを明かすことは避けよう。本書を読むのを一つの冒険、発見の旅と捉え、それにあなたを招待したい。探検の一つ一つの局面を味わい、それぞれの発見を楽しんで欲しい。旅の途中、あなたは人間の潜在能力を最大限に高める革命的な方法論に出会うだろう。それは、最新の心理学研究に基づいた〝変身の方法論〟だ。あなたは「心理的柔軟性」として知られる心の態度や恐れや不安、自己不信に対して効果的な対応ができる強力な心の状態を開発していく。また、いつまでもなくならない本物の自信を育てる方法も学ぶ。さらに、スポーツやビジネス、芸術の創造、人との付き合い、子育て、そしてセックスまで、様々な能力を高める方法も習得できる。

■話がうますぎるって？

ここまで読んで、疑いを持ったり白けた気持ちになったとしたら、それはよいことだ。私は疑いの心を持ち続けることをお勧めする。私が言ったことをすべて鵜呑みにしないでほしい。他人の言葉を信じることが問題を解決する最もよい方法なら、すべてはとっくの昔に解決しているはずだ。私の言葉を信じるよりも、常に自分の経験に照らし、それが自分にとって真実かどうかチェックして欲しい。

この本があなたにとって効果があるか、一〇〇％保証できるかって？　あなたの成功を確実に保証します、などと言う人間に出会ったら、そんな輩が売りつけようとするものを買ってはいけない。この手の話で必ずうまくいくと保証するのは不誠実のしるしと思って間違いない（あるいは誇大妄想だ）。一流の外科医でも、手術が完全に成功するとは言わないものだ。彼らは一番正確な成功の確率を告げ、可能性は低いが起こりうるリスクについて認識したという同意書にサインさせる。

では、あなたが本書で紹介する方法を使ったとして、うまくいく見込みはどのくらいだろう？　可能性はとても高い。なぜそう言い切れるのかって？　それは本書が西洋の心理学を根底から揺さぶる、人間の行動を変えるための新しい方法論に基づいているからだ。スポーツやビジネスの世界では、この方法にはさまざまな名前がつけられている。マインドフルネス・アクセプタンス・コミットメント・アプローチ、マインドフルネス・ベースト・エモーショナル・インテリジェンス・トレーニング、あるいはサイコロジカル・フレキシビリティー（心理的柔軟性）・トレーニング……。一般的に知られているのはアクセプタンス＆コミットメント・トレーニング、あるいは単純にＡＣＴと呼ばれる（エーシーティーではなく、英単語 act と同じくアクトと発音する）。

ACTは一九八〇年代、米国の心理学者スティーブン・ヘイズ博士によって、もともとはうつの治療のために開発された（カウンセリングや心理療法の分野ではアクセプタンス&コミットメント・セラピーとして知られている）。当時、それはあまりに革新的で、その洞察が心理学の世界に広く受け入れられるには二五年以上待たねばならなかった。その有効性の証拠が積み上がった現在、ACTは世界中に急速に広まり、困難を抱えた人々に多大な恩恵を及ぼしている。成功の理由の一つは、マインドフルネスへの革新的なアプローチである。

■マインドフルネスとは何か？

マインドフルネスとは、気づきを得て、心が開かれ、集中している状態だ。マインドフルでいると、役に立たない思考に囚われず、自分のしていることに完全に没頭し、感情に邪魔されることなく効果的に行動できる。マインドフルネスは東洋哲学においては数千年前から知られているものだが、西洋ではヨガや瞑想、太極拳、武術、そして禅などを通してしか知る術はなかった。ACTでは、これら古来の伝統についての知識がなくてもごく短期間でマインドフルネスのテクニックを習得できる。

真の自信を見つける旅の途中で重要な役割を果たす、マインドフルネスの三つの基本テクニックがある。「脱フュージョン」「拡張」「集中」である。

●脱フュージョン

「脱フュージョン」は、思考に囚われたり行動を支配されたりせず、思考から離れ、それをあるがままにさせておくテクニックだ。脱フュージョンは苦痛で役に立たない思考や自己破滅的な思考に対して素晴らしい効果を発揮する。

●拡張

「拡張」は、情動や感覚、感情に引きずられたり掻き乱されたり、あるいはくよくよ考えることなく、それらがあるがままに起こり、去るのを許すことだ。拡張のテクニックは、恐れや怒り、不安などのやっかいな感情が起こった時に大きな力を発揮する。

●集中

「集中」は、心理的に「今」に存在するための能力だ。雑念に囚われることなく、この瞬間を完全に生きる、今現在起こっていることに完全に没頭する、この場所この一瞬の経験に心を開き、興味を向け、積極的に集中するためのテクニックだ。持てる力を発揮し、自分の行動から満足と幸福を引き出したいなら必須の方法だ。

■他にも色々ある

ＡＣＴにはマインドフルネス以外にも様々なテクニックがある。たとえば、「基本的価値」（自分の心の奥にひそむ人間としてこうありたいという願望）を認識する、それを現在の行動の動機、意欲、ガイドとして使う、などだ。マインドフルネスと価値、そして集中した行動の三つが揃うと、「心理的柔軟性」が高まる。これは価値に導かれ、深い認識と開かれた心、そして集中を伴った効果的な行動を起こすための能力である。

ＡＣＴの特長はその高い応用性だ。麻薬やアルコール依存症、うつ、パニック障害、統合失調症に苦しむ数万の人々を救ったこの療法は、今やプロのアスリートやビジネスマンの能力向上にも使われている。組織の効率的な運営に効果を発揮し、警察官から銀行員、受付係、歯科医に至るまであらゆるタイプの労働者のストレスの軽減、仕事における満足感の向上に役立っている。あなたは本書でこれらのテクニックを使った真の自信の育て方、夢を追い求める方法、なりたい自分になる方法を見つけるだろう。だがその前に、ちょっと私の経験を聞いて欲しい。

■私の経験

「自信」は私にとって、とても身近な話だ。なぜなら私自身、何年も自信のない日々を送ってきたからだ。一〇代、二〇代の私は社会におびえ、自信のなさのかたまりで、のろまで愚かな鼻つまみものに見られることを恐れていた。そのために、飲酒年齢になるずっと前から私はアルコールに頼り、医学部の最初の年は毎日酒を飲んでいた。状況はさらに悪化し、医学部三年の時には急性アルコール中毒になって救急車で病院に担ぎ込まれた（耐えがたい恥ずかしさだったが、二日酔いのほうがずっとひどかった）。

自信のなさは恋愛関係にも現れた。私は拒絶されるのが怖くて、酒の力を借りないと女の子を誘えなかった。女性たちも、酔っ払っていない限りイエスと言ってはくれなかった！　珍しく彼女ができてもせいぜい二週間しか続かなかった。早く関係を終わりにすれば、彼女が私のダメさ加減に気づくこともない。彼女に拒否される前に私から拒否しなければ——そう考えていたのだ。

学業でも同じ問題を抱えていた。自分は学年で誰よりも馬鹿な学生だと思っていた。解剖学、生理学、生化学の、分厚く分かりにくい教科書と向き合うと、例の自己不信が頭をもたげてくるのだ。私はどうしたか？　不安な気持ちも人に馬鹿だと思われることも受け入れ難かったので、それらを避けるために私は勉強するのをやめた！　結果はどうだったか？　医学部の最初の二年間、私はすべての試験で落第し、それらを再び受ける羽目になった（もちろん深酒もまったく助けにならなかった）。

医学部から追い出されなかったのは幸運としか言いようがない。何しろ当時の私は試験の不合格記録を作ったのだから。二回目の試験の時も、合格するための最小限の勉強をするだけでしのいだ。そしてついに私は目が覚めた。医学部四年の時、私はしっかり勉強し始め、二年後めでたく医者になった。それは大きな達成感を与えてくれた。だが、それが不安を追い払ってくれたかというと、全然そんなことはなかった！

医学部を卒業すると私の自己不信はいっそうひどくなった。ジュニアドクターとして病院で働いたが、常にひどい不安を抱えていた。間違った判断をしないか、間違った薬を出してしまわないか、誤診をしないか、いつもビクビクしていた。私は緊張すると手が汗ばむが、当時の私の手からは汗がしたたり落ちていた。いつも白衣で手を拭っていたが、手はすぐに熱を持ってべとべとになった。医療用の手袋をしようものなら、文字通りビショビショになった。ひどい汗かきが起こってから何週間かして、皮膚炎の症状が現れ始めた。指に赤い発疹が無数に現れ、副腎皮質ホルモンによる治療が必要になった。

というわけで、私は自信のなさがどんなものかよく知っている。私は自分にとって大切なものをいくつも手放してきた。人生の大切な側面を多く失うはめになった。自己不信と失敗への恐怖が私を押し留めていた。だが幸いなことに、私は変わる方法を学ぶことができた。今日の私は自信を持って人々と接し、酒を飲むことも滅多にない。自信について研究し、その成果を本に書いている。私は自信とともに仕事をしている。世界中で講演することもその一つだ。私が本書に出てくる原理を信頼するのは、それが科学的に裏付けられていることや、世界中で多くの人々を助けているのを目の当たりにしたこともあるが、何より自分自身に効果があったからだ。

■うまい話は存在しない

新しい考え方を受け入れ、積極的に新しいスキルを身につけるなら、真の自信を身につけられる可能性は極めて高い。だが、他のことと同様、これには時間と努力がいる。この本を読む時間を投資するだけでなく、学んだスキルを人生の様々な局面で試してみる必要がある。そのための時間と努力をする準備ができているかを自分に問いかけよう。本を読んだだけでは素晴らしいスキーヤーや画家、あるいはダンサーにはなれないことは誰もが知っている。本は重要な情報をたくさん与えてくれる。だがスキーや絵やダンスが上手くなるためには、そのスキルを身につけなければならない。自信を育てるのも同じことだ。そのために必要なツールと、その使い方は本書に書いてある。そして成果を得るためには練習が不可欠だ（気が進まないか、気後れしてしまうとしても、あるいは心が「でも僕には自制心がないし、やる気も意志も弱いんだ」とささやいたとしても心配ない。それらをどう扱うべきかも本書で説明する）。

■目的地はどこか？

この本は五つの部分からなっている。

第1部は「ウォーミングアップ」。ここでは自信についての有名な〝神話〟を検証する。私たちが間違ったルールを押し付けられていることがよく分かるだろう。

第2部は「諸刃の剣」。誰もが持つネガティブ思考の効果的な対処法を説明する（ネガティブ思考と対決する、あるいはポジティブな自己肯定で置き換える、等ではない）。

第3部は「何があなたを突き動かすのか？」。ここでは「動機」の原則と、心理的な壁の乗り越え方を紹介する。

第4部は「恐れを手なずける」。あなたと「恐れと不安」との関係を少しずつ根本から変化させる。

第5部は「自信のゲームを始めよう」。身につけたスキルを使い、自分の活動分野で真の自信、成功、最高のパフォーマンスを引き出す方法を学ぶ。

あなたは学生時代、ヘレン・ケラーについて教わっただろう。一八八〇年生まれのヘレンが髄膜炎に侵されたのは生後一九カ月の時だった。彼女は聴力と視力を失い、話すこともできなくなった。その後、あらゆる困難をはねのけ、ヘレンは読み書きを習得し、偉大な著述家、社会変革の推進者となった。その言葉は無数の本に引用されたが、最も有名なのは次のものだ。「人生とは思い切った冒険か、さもなければ無だ」。

あなたは「思い切った冒険」と「無」のどちらを選ぶだろうか？ もし思い切った冒険の人生を望むなら、成長し、探求し、可能性を最大限に引き出したいなら、勇気を持って新しい一歩を踏み出したいなら、どんな発見が待っているか興味津々なら、そして、その過程で起こるかもしれない不快な体験を厭わないなら、もうこれ以上待つ必要はないのではなかろうか？

第1部

ウォーミングアップ

第1章　どうして思い悩むのか？

この本には何が書いてあるのか？

ある意味で答えは明らかだ。あなたが欲しいのは自信だ。だがもう少し掘り下げて欲しい。自信は人生の目的ではない。あなたはおそらく何かを得るために、あるいは人生を向上させるためにその自信を使おうとしているのだろう。

自分が望むだけの自信をすでに手に入れていると想像してみよう。しかし人生は変わらない。あなたはこれ以上ないほどの自信に満ちているが、人生のあらゆる側面で、行動は以前とまったく同じだ。人間関係も、仕事も、健康も、人付き合いも、余暇の過ごし方も少しも変化がない。相も変わらぬ日々の決まり事を繰り返している。歩き方も話し方も以前と少しも変わらない。新しい計画を始めることもない。新しい目標も追求しない。能力が向上することもなければ、性格も変わらない。自分にも他者にも、相変わらず以前のように接する。ただ一つの変化は、自信を感じていることだ。あなたはこの結果に満足するだろうか？

私は数百人という人々にこの質問をしてきた。イエスと答えた人は一人もいない。これは別段驚くことでもない。私たちはただ単に自信だけを求めることはしない。必ず何か目的がある。目的を達成するため、夢を追うため、スポーツ、ビジネス、音楽、芸術、人前で話すこと、子育て、人付き合いなど人生の一定の分野でよりよい結果を出すため、などだ。だから私は必ずクライアントに質問する。

「もし世界中の自信を全部自分のものにできたら、自分の行動をどう変えますか？　どんな人間になり、どんなことをしますか？」

答えは千差万別だ。ごく一部をピックアップしてみよう。

デイブ……五〇歳の理学療法士。もし自信があるならもっとクリエイティブに生きるだろう。何十年も温めてきた小説を書き始めるだろう。

クレア……三三歳の内気な受付係。四年以上もデートをしていない。オンラインの交際相手紹介所に入会して、色々な人と出会いたい。職場でも友人付き合いでも、もっと積極的でオープンで、饒舌になりたい。

イーサン……大企業の管理職。プレッシャーの中でよい決断ができるようになりたい。部下の勤務評価をもっと効果的に行いたい。

ラジ……繁盛しているレストランのオーナー。資金を借り入れて、二年以上前から夢見ていた二軒目の店を開きたい。

コウラ……保険金請求担当者。空虚で何の楽しみもない結婚生活を終わらせて新しい関係を探したい。

ロブ……四二歳の不動産エージェント。職種を変えるために大学に戻ってＭＢＡを取るだろう。

サラ……失業中のダンサー。自信があれば、もっと多くのオーディションに参加し、審査員の前でもっといい演技ができるはず。

フィル……セミプロのテニス選手。プレッシャーをはねのけて、もっと上手くなりたい。そしてもっとたくさん勝ち星を上げる。

クレオ……二八歳の内気な科学者。もっと多くの友人を持つ。人と交流する時間をもっと多くし、社交の場においてもっと純粋で温かく、魅力的にふるまう。

セブ……四四歳のタクシー運転手。妻とのセックスレスを解消する。〝上手くいかない恐怖〟にとりつかれた彼は、過去三年間、性的な行為を避けてきた。

デーナ……大手製造会社のマネージャー代理。もっと積極的にミーティングに参加したい。自分の意見や提案を披露したい。

アレクシス……二八歳、二人の男の子の母親。辛辣で支配的な義母に対してもっと毅然とした態度で接する。


これらが他の人々の願望だ。さて、あなたの望みは何だろうか？　十分な時間をかけて、以下の質問を読み、じっくり答えを考えよう。自分が無限の自信を得たとしたら……。

- どのようにふるまうか？
- 歩き方、話し方はどう変わる？
- 遊び方、仕事の仕方、行動はどう変わる？
- 他者、たとえば友人、親戚、パートナー、両親、子供、同僚たちとどのように接する？
- 自分に対してはどのように接する？
- 自分の体をどう扱う？
- 自分に対してどんな自己対話をする？
- 性格をどう変える？
- どんなことを始める？

●どんな行動をやめる？
●どんな目標を持ち、それに向かって行動する？
●自信は一番近しい人との関係性をどのように変化させる？　その人に対する接し方はどう変わる？
●自信を手に入れたことが、自分の立身出世にどう影響する？

本書を読み進める前に、どうかこれらの質問について考えてほしい。あなたが自信を求める真の理由を明らかにしてほしい。その答えは途方もなく重要なのだ。これからのあなたの旅路に「価値と目標」をもたらしてくれるからだ。また、ここで「価値」と「目標」についてもちょっと考察してもらいたい。なぜならあまりに多くの人が両者の違いを理解していないからだ。

■価値と目標はどう違う？

「価値」とは〝現在の行動について望まれる質〟のことだ。言い方を変えれば、価値とはあなたが人間としてどう行動したいかを表すものだ。継続的にどのような行動をしていきたいか、人生において何を信条としたいか、どんな主義、道義に沿って生きたいか、どんな資質、性格を育てていきたいか、などだ。親密な関係における価値の例は、信用、正直さ、開かれた心、誠実さ、平等、尊敬、愛すること、気遣い、援助、はっきりした主張などだ。これらはすべて〝行動の質〟であり、人生を通したふるまい方である。価値は完成するものではなく、成就して行動リストから外されることはない。それは常に進行形なのだ。あなたの価値がパートナーを愛することであれば、それが完了することはない。

「目標」は〝望む結果〟のことだ。あなたが、欲しい、成し遂げたい、所有したい、獲得したいものだ。目標は継続的なものではない。達成したら目標リストから削られる。終了、完成、おしまい、である。

あなたが理想の仕事に就きたいとしよう。これは目標だ。仕事を得た瞬間、目標は達成される。だが、あなたが効果的、効率的、生産的でありたいと思うなら、仕事に没頭し、やっていることに集中したいなら、あるいはオープンで親しみやすく、他者を気遣う人間になりたいのなら、それらは価値であって目標ではない。それは生涯を通してのあなたの行動を決めるものだ。

たとえ理想の仕事につけなかったとしても、これらの価値に沿った生き方ができる点に注意してほしい。価値があなたにとって真に重要なものなら、仕事がウェイターだろうと多国籍企業の経営者だろうと、価値に沿って生きることは可能だ（無償の仕事、たとえば子育てであってもよい）。

価値はコンパスのようなものだ。自分の進む方向を決め、人生の旅路において常にコースを外れずに進むことができる。だがコンパスを見つめていても旅は始まらない。旅に出発するには行動を起こさなければならない。

価値に沿って行動するのは、西を目指して旅するようなものだ。どんなに遠くまで進んでも、常にさらなる道のりがある。〝西〟という場所に到着することは決してない。一方、目標はあなたが行きたい場所のことだ。特定の橋や川、とある山や谷、どれも到着すれば目標リストから消える。

あなたの価値が、職場で仕事に真剣に取り組むこと、効率的で生産的、気遣いのある親しみやすい人間であること、だとしよう。これは現在の仕事でも、次の仕事、そのまた次の仕事でも変わることはない。たとえ理想の仕事という目標にたどりつけなくても（当然、常にこれらの価値に沿って行動できるわけではない。特に仕事があまり好きではない場合は。だがそうしたいと思えば、あなたはいつでも価値に沿って行動できる）。

以下は価値と目標の違いの例だ。

- 大きな家に住む（目標）
  家族を守り、養う（価値）
- スポーツの試合で勝利する（目標）
  フェアで情熱的で、技量の高いプレーをする（価値）
- 良い成績をとる（目標）
  全力で勉強する。新しいアイデアを探求する（価値）
- 友達を作る（目標）
  温かくフレンドリーで、社交的で、人々を支え、誠実である（価値）
- 五ポンド（約二・三キロ）痩せる（目標）
  自分の体に注意を払い、鍛え、ケアする（価値）
- 競争に勝つ（目標）
  自分の力を最大に発揮しようと努める（価値）

価値は自信を育て、能力を高める上で重要な役割を果たす。やる気や刺激をくれるばかりでなく、私たちを鼓舞し続けてくれる。目標達成までに数週間、数カ月、あるいは数年間かかるかもしれない。だが、その間あらゆる局面で、私たちは価値に沿って生き、満足を得られる。もし目標を達成できなくても――時にそういうことはある――価値に沿って生きることで満足や幸福感を得られるのだ。価値と目標についてはあとでもっと掘り下げよう。ここまではほんの前菜だ。さて再び重要な質問に

真の自信を持てたとしたら……

- 私は自分の行動をこう変える
- 他者との接し方をこう変える
- 自分への接し方をこう変える
- こんな性格的特徴、性格上の強みを育み、人々にアピールする
- 友人や家族などの近しい人々に対するふるまい方をこう変える
- 仕事や教育、スポーツ、レジャーなどにおける人間関係で、ふるまい方をこう変える
- こんなものごとを支持する
- こんな活動を始める、あるいはもっと深く関わる
- こんな目標に向かって邁進《まいしん》する
- 人生を向上させるためにこんな行動をする

リストが完成したらいつでも参照できるように常に持ち歩こう。そして、まだ何も書き出していないなら、本書を読み進める前にせめて答えを真剣に考えて欲しい（答えが曖昧でも不完全でも構わない。また、価値と目標の区別がはっきり分かっていなくても、あとでもう一度立ち返るので心配いらない。大切なのは始めることなのだ）。

＊＊＊＊

どうだろうか？　実際に書き出したにせよ、あるいは頭の中で考えたにせよ、あなたは人生を変えるリストを完成させただろうか？　そうであれば素晴らしい。あなたは自信への道の最初の一歩を踏

み出したのだ。まだなら、今すぐやってみて欲しい。空手を身につけたいなら本を読むだけではだめだ。実際に動きを練習する必要がある。自信を手に入れるのも同じことだ。本書に出てくるエクササイズはすべて本質的なものばかりだ。「自信のゲーム」を始めたいなら絶対にやってほしい。どうかお願いする。ここから先を読む前に、答えを用意しておいてほしい。

■自信のギャップ

多くの人が、私が「自信のギャップ」と呼ぶものによって完全に方向性を見失っている。それは、夢や野望を追求する途中で恐れが芽生えた時、私たちがはまり込むものだ。たとえば、以下のような思考を持っていたら、あなたは自信のギャップにはまっている。

もっと自信が持てるまで、私は自分の目標を達成できない。力を最大限に出しきれない。やりたいことができない。自分の理想とする人間としての行動ができない。

あなたはこれを真実だと思うだろうか？　多くのセルフヘルプの手法が、意図せずにこうした考えを刷り込んでいる。だがあなたもおいおい気づくはずだ。この思考にはまればはまるほど、理想とする人生から遠ざかってしまうことを。そうなる理由はあとで見ていくが、まずは自信という言葉の二つの定義を検討しよう。

■「自信」の二つの定義

●確実感、確かであるという感情（感覚）

●信用・信頼の行動

最初の定義、「確実感、確かであるという感情（感覚）」は、もっとも広く使われている。多くの人が、自信とは確実感、あるいは確信についての強い感情だと考えている。冷静で落ち着いた、くつろいだ感情。力を発揮しポジティブな結果を得られるという確信。恐れや心配、自己不信や不安、失敗や不運などのネガティブな思考を持たない状態のことだ。

二つめはまったく一般的ではない。この定義によれば、自信とは感情ではなく行動である。それは「信用・信頼の行動」だ。この定義は非常に古くから使われており、その起源は古代のラテン語まで遡る。自信（confidence）は「一緒に」（with）を意味するラテン語のcomと、「信用」を意味するfideréからきている。私たちが誰かを信用し委ねる時、それが自分にせよ他者にせよ、完全なる確信、確実感を持っていることはまれだ。そして危険な状況になるほど、私たちは恐れや不安を増殖させ、失敗するのではという思考につきまとわれる。

例を挙げよう。あなたは脳腫瘍を患い、最高の脳神経外科医の手術を受けることにした。これは「信用・信頼の行動」だ。あなたはその外科医を信用し、手術を任せた。つまり彼に手術をさせるほど、その技術に信頼を寄せているということだ。だが、こういう場合に完全なる確信・信頼を持つことはほとんどあり得ない。こんな時に恐れや不安を持たず、冷静で穏やかでいることはまず不可能だ。脳外科手術を受ける場合、普通の人間なら不安と疑念で一杯になり、リスクについてあれこれ考えを巡らすものだ。

「自信」の二つの定義、「確実感、確かであるという感情（感覚）」と「信用・信頼の行動」は、両方ともまったく正しい。だがそれぞれが表すものはまったく異なる。それをしっかり区別しなければ混乱するだけだ。なので本書ではその定義をはっきりさせておく。「確かであるという感情」「感情としての自信」を、「自信の行動」「行動としての自信」と対照的なものとして語りたい。なぜこの定義がそこまで重要かを理解するために、ネルソン・マンデラの物語を見てみよう。

■「怖いに決まっているだろう！」

ネルソン・マンデラほど私たちを刺激してくれる人物はそうそういない。彼は正義と自由、平等のために、ほとんど勝ち目のない戦いに挑んだ。その命を幾度となく危険にさらし、とてつもなく暴虐的な南アフリカのアパルトヘイト体制に反旗を翻し、民主主義と自由な社会を追い求めた。彼が生き延びたのは奇跡としか言いようがない。だがついに南アの官憲につかまり、彼は二七年のあいだ獄中で過ごすことになる。最初の一八年は悪名高いロベン島の刑務所だった。

感動的な自叙伝、『自由への長い道』（ＮＨＫ出版／原題 *Long walk to freedom*）の中で、マンデラはロベン島刑務所の過酷な実態を書いている。容赦なく照りつける太陽のもとでの終日労働、日の出から日没まで続く大理石の切り出しと破砕作業。その間に絶えず暴行、飢え、精神的虐待に苦しめられる。こんな地獄を何年も生き抜ける人間はほとんどいないだろう。だがマンデラは違った。自分の意志を貫いたのだ。彼は正義と自由、平等のために監獄での長い年月を耐え抜いた。そしてあらゆる困難をはねのけ、ついに釈放されて南アフリカ史上初の黒人大統領となった。

二年の歳月をかけてマンデラの自叙伝執筆を手伝った作家のリチャード・ステンゲルは、タイム誌に「マンデラ――そのリーダーシップの八つのレッスン」という洞察に満ちた記事を発表した。その中で彼は、アパルトヘイトとの長い戦いと長期の刑務所生活のあいだ、マンデラが常に恐れを感じていた事実を書いている。

「もちろん怖かったさ！」マンデラは彼に言った。「俺は勇者だ、世界に打ち勝てる、なんて素振りはとてもできなかったよ」。だが彼は、偉大なリーダーとなって刑務所の仲間を勇気づけるには恐れを覆い隠す必要があることを知っていた。そしてそれを実行した。感情をコントロールすることはできなかったが、恐れなど感じていないかのように、表情、姿勢、歩き方、話し方をコントロールすることはできた。そしてそれは、ロベン島の囚人たちに多大な勇気を与えた。マンデラが自尊心を持ち、まっすぐに大地を踏み締めて歩くのを見て、囚人たちの魂は燃え上がった。ステンゲルは書いている。その姿は「彼らに数日間分の活力を与えた」。

マンデラが威厳をもって刑務所の中庭を歩いたのは、「自信の感情」によるものだろうか、それとも「自信の行動」によるものだろうか？　明らかに後者だ。彼には心の平安も、自信も確信もなにひとつなかった。だが彼は「信頼の行動」をした。自分を信頼し、〝背筋を伸ばし、誇らしげに〟歩いた。たとえ不安でたまらない時でさえ。彼は自分の恐れを排除しなかった。マンデラはこれを〝恐れに打ち勝つ〟ことの学びだったと表現している。つまり、彼は自分を頼ること、どんなに恐怖を感じていても、自分を信頼して行動することを学んでいたのだ。

■再び自信のギャップについて

自信という言葉の定義とネルソン・マンデラの刑務所生活を語る前に、自信のギャップについて触れた。人々は次のような考えにとりつかれた時、自信のギャップに落ち込む。「自分の目標を達成するには、能力を最大限に発揮するには、やりたいことをするには、自分がなりたい人物のように振る舞うには、自信を持たなければならない」。

マンデラがこれらのルールにしたがって刑務所生活を送ったと想像してみよう。恐れと不安が消え失せるまで行動を起こすのを控えていたらどうだろう。「気持ちが落ち着き自信と確信に満ちるまで、すべての恐れを追い払うまで、失敗するかもしれないという思いが消えるまで、誇りをもって堂々と中庭を歩けない」。彼がこう考えていたら、人々の感情を揺さぶるリーダーになれただろうか？

マンデラは明らかに、「自信のゲーム」のやり方を知っていた。「ことを起こす前に、まず自信がなければならない」というルールに従わなかった。これこそが、「はじめに」で述べた〝すべての間違ったルール〟の大元である。このルールに忠実であるほど、結果は悪くなる。

さて、次に進む前に一〇秒ほど時間をとって、自分の心が何を考えているか観察してほしい。頭の中でささやく声に静かに耳を傾けてほしい。それはあなたに何を伝えようとしているだろう？

＊＊＊＊

心は悩まされ、不満を感じているだろうか？「おい頼むよ、お前はまた、例の〝うまくいくまでできるふりをしろ〟ってやつをやろうとしてるのか？　もう聞き飽きたよ！」。あるいは最悪の状況を予想しているかもしれない。「また不安に耐えろっていうのか？　歯を食いしばってやり通せと？」。

あなたの心がこう言ったとして、それはまったく正常だ。後で詳しく見ていくが、人間の心は自然と最悪を想像してしまうものなのだ。ここではっきりさせておこう。私は決してあなたに「ふり」をしろとも、不快な感情を我慢しろとも言わない。むしろ正反対だ。本書の重要な二つのテーマは、自分に忠実であれ、ということと（ふりをするのとは真逆だ）、恐れを効果的に、人生を向上させるために使え、ということだ（これも耐え忍ぶこととは正反対だ）。

あなたは思うかもしれない。「何かをする前に、まず自信がなければならない、というルールのどこがまずいんだ？」。問題は、自信を持つまで大事なことを行えないとしたら、永遠に待たなければならないということだ。自信は手品のようにどこからともなく現れるものではない。自己催眠のＣＤ

を聴いたり、勇気づけてくれる本を読んだり、自己啓発セミナーに出たり、友人やコーチ、あるいは治療家に自信を高める言葉を言ってもらったりすれば一時的に自信が高まるかもしれない。だがそれは長くは続かない。現実に向き合ったら、それらは煙のように消え失せる。

ツール・ド・フランスで七回優勝し、人類史上最高のアスリートの一人に数えられるランス・アームストロングは、自著『毎秒が生きるチャンス!』（学習研究社／原題 *Every Second Counts*）でこう述べている。「世界中の多くの人々が、自信を買おうとしている。あるいは作り出そう、持っているふりをしようとしている。だが自信があるふりはできない。それは自らつかみとらなければならないのだ。そしてそれを得る方法を尋ねられたら、それは練習だ、ひたすら練習せよ、と私は答える」

これはとても重要なポイントだ。自信を持って何かを行いたければ、それが話すことでも絵を描くことでも、愛することでも、テニスをすることでも、人付き合いでも、私たちがすべきことは練習だ。スキルを身につけるには、それが自然にできるようになるまで繰り返し練習することが不可欠だ。スキルが不十分な場合、自信を持つことはできない。また練習を続けなければ、スキルは錆びつき、自在に使える状態ではなくなってしまう。

あなたの毎回の練習が、自信の行動、自分を信頼する行動なのだ。ひとたび行動し、それを繰り返せば、自分の望む結果を得るためのスキルが身につくだろう。そして自信も感じ始める。

これに気づけば、自信のゲームの最初の「正しいルール」が理解できる。

ルール1
まず自信の行動をせよ。そうすれば自信の感情はあとからついてくる。

もちろん、言うは易く行うは難しだ。なぜか？　何かのスキルを身につけるには時間と努力が必要だからだ。そして私たちの心はそれを実行しないためのあらゆる理由を押し付けてくる。「そんなの大変すぎるよ」「忙しくて暇がない」「そんな気分じゃない」「やる気が起きないよ」「ちょっと疲れていて」「ストレス多すぎだよ」「そんなことまで手が回らない」「不安がいっぱいでそんなことできない」「私にはできない」「私には自制心がない」「上手く出来る訳ないんだからやっても意味ないよ」などなど。こうした思いに囚われた時、あきらめるのは簡単だ。特に失敗を恐れている時、気分がよくない時、あるいは練習しても思うように進歩しない時には。

（断っておくが、時折こうした思考を持つのは人間としてごく正常なことだ。そしてあなたはこれから、これらの思考に対する新しい反応の仕方を学ぶ。それが持つ力を奪う方法だ。心がどんなにネガティブなことをささやこうと、自分に必要な行動ができるのだ。）

■なぜ私たちには自信が欠けているのか？

私は、あらゆることに自信がない、という人には会ったことがない。そういう人の話を聞いたこともない。実際のところ、私たちが自信を持ってできることは非常に多い。私たちはそれを当たり前のことと考えているだけだ。健康に特に問題がなく、体に大きな障害も抱えていないとしよう。あなたは階段の上り下りや、ナイフとフォークを使うこと、ドアの開閉、歯を磨くことなどに大きな自信を持っているだろう。だが常に自信があったわけではない。それらを長いこととしてきたため、今やできて当然のことになっただけだ。

私たちはすべてにおいて自信がないわけではない。人生における一定の分野の、ごく一部の行動について自信がないだけなのだ。そしてそうなる理由は主に五つある。

●自信が持てない五つの理由

1. 期待が大きすぎる
2. 自己評価が厳しい
3. 恐れに囚われる
4. 経験が不足している
5. スキルが不足している

一つ一つ検討しよう。

●1. 期待が大きすぎる

あなたは「けっして満足しない心の持ち主」ではないだろうか？　あなたの心は小さな独裁者のように、常により多くを要求していないだろうか？　だとすれば、あなたは常に失敗を恐れているだろう。そして期待が達成できない時には非常に自己批判的になる。これはいわゆる〝完全主義〟だ。実際、私たちの誰もが時折こうした思考に陥る。それは少しも異常ではない。心が長い期間満足していることはほとんどない。それはすぐに失敗を見つけ、もっと多くを望む。

デイブの場合がそうだった。彼は理学療法士で、小説を書くのが夢だった。彼は、まだ草稿の段階でさえ、自分の書いたすべてのページが素晴らしくなければならないという思いにとりつかれていた。そんな期待を満たすことは不可能なため（どんな作家でも無理なことだ）彼は何も書かなかった。

●2. 自己評価が厳しい

あなたの心はあなたの力を弱めていないだろうか？　お前にはそれを達成する力量がない、お前には能力がないとささやいていないだろうか？　お前は人に愛されない、無力で無能な存在だ、お前はもうすぐ失敗するぞ、と言わないだろうか？　あなたは、心が「本当のお前は無能だ、自分のやっていることが分かっていない、今のところはうまくやっているが、そのうち化けの皮が剝がれるぞ」とつぶやいてくる、いわゆるインポスター症候群（成功が自分の力ではなく偶然や幸運のせいであり、自分は偽物〈インポスター〉だと考えること）に陥ったことはないだろうか？　一つでもイエスがあったなら、あなたの心はまったく正常だ。

驚いただろうか？　ほとんどの人はこれを聞くとびっくりする。私たちはみな、ポジティブ思考《シンキング》に洗脳されているからだ。だが私たちの心にとって、ポジティブは自然な状態ではない、というのが真相だ。東洋の心理学体系、たとえば禅、ヨガ、そしてタオイズムなどは数千年前から、人間の心は判断や批判をし、ネガティブなことを見つけ出し、最悪を予想する傾向があることを知っていた。未来についての恐ろしげな物語や過去の苦痛の体験を掘り起こし、すぐに不満を漏らし、もっと多くを求める。西洋人はこうした事実、これらの心の傾向を受け入れることができなかった。だがこれは心の自然な働きなのだ。残念なことに、西洋の心理学は心のこうした動きを異常なもの、あるいは不自然なものとみなし、何らかの不都合、欠陥があると考える。幸い、こうした態度は変わりつつあるが、変化のスピードは恐ろしく遅い。

クレアが抱えていたのもまさにこの問題だった。彼女は魅力的だがとてもシャイな受付係で、もう四年も誰ともデートしていなかった。彼女は自分に対してひどく厳しい評価を下していた。――自分は馬鹿で魅力のない退屈な人間だ、どの男性も自分を拒否するだろうという思いにとりつかれ、デートするのを避けていた。

●3．恐れに囚われる

私たちは皆、それぞれの恐怖を持っている。悪い事が起こったり、事態が悪化することが恐いのかもしれない。拒否され、失敗し、恥をかくのを恐れているのかもしれない。ミスを犯し、時間を無駄にし、笑いものにされることが嫌なのかもしれない。もしかすると恐れ自体を恐れているのかもしれない。こうした恐れはよくあるものだ。恐れは、それだけでは自信を損なわない。だが私たちが恐れについてくよくよ考えたり、恐れることを恐れたら、それは問題となる。そして恐れに囚われるほどそれは巨大化し、私たちの自信を蝕んでいく。

セブが抱えている問題もこれだった。彼は妻とのセックスを避けていた。三年前、彼は両親を一度に自動車事故で失い、悲嘆の時期を経験していた。この期間、妻とセックスをしようとする度に勃起不全に陥り、それをひどく恥じていた。実はこれは極めて普通の反応だ。ほとんどの男性は、大きなストレスにさらされた時期に勃起不全になる。だがセブはそのことを知らなかった。また、あまりに恥じ入っていたので友人や主治医に相談することもしなかった。性行為の失敗への恐怖はどんどん大きくなり、常に気にやみ、自分を責めた。彼は悪循環にはまりこんだ。失敗について考えるほど症状は悪くなり、ついに性行為を拒むようになった。

●4．経験が不足している

何かについて経験が少ないかまったくない場合、自信は持てない。どんなに素晴らしいギタリストでも、大観衆の前で演奏した経験がなければ、最初の何回かは自信を持つことは不可能だ。

ラジがまさにこのケースだった。彼はレストランの経営には非常に長けていた。だがビジネスを拡張しようとはせず、二軒を同時に運営した経験はなかった。従って自信が育まれることはなかった。

●5．スキルが不足している

それなりの技量がない限り、何かに自信を持てないのは当然だ。たとえば、今私は四三歳にして自転車の乗り方を学んでいる（隣家の子供は大の大人がよたよたしながら自転車に乗るのを面白そうに見ている）。今まで経験がなくふらついてばかりの私が、自信をもって自転車に乗るのは現実的なことだろうか？　もちろん違う。たくさん練習してそこそこ乗れるようになれば自信を持てるだろう。だがそれまでは無理だ。それが自然の摂理というものだ。ここで興味深い疑問が浮かぶ。何かに上達するにはどうすればよいのか？

■自信のサイクル

何かをうまくなるには、「自信のサイクル」の四つのステップを踏む必要がある。

●ステップ1：スキルを磨く

人前で堂々と話ができるようになりたいなら、スピーチの練習が必要だ。自信に満ちた芸術家になりたければ絵の練習をすべきだ。自信を持ちたいなら練習せよ――この事実から逃れることはできない。

問題は、練習には、今まで見てきたようなメンタルの壁が多く立ちはだかっているということだ。動機や意志力の不足、疲れ、不安、恐れ。思うように進歩しないと投げ出したくなる。失敗すると衝動的にもう止めたいと思う。完全を目指すあまり厳しい自己評価をしてしまう。時間が足りない、お金がない、エネルギーがない。その他、自分を制限する様々な思考も生じる（本書ではこれらを乗り越える方法を学ぶ）。

●ステップ2：実際に使ってみる

スキルを磨くことは大切だ。だがそれだけでは上達することはできない。それを効果的に使うことが大事だ。そしてそのためには、コンフォートゾーンから出て現実世界の困難な状況に身を置く必要がある。困難を避けていては、スキルを試し、向上させることはできない。だがコンフォートゾーンを出るのは不快感をともなう。恐れ、心配、自己不信……。幸い、こうした気分はマインドフルネスで超越できる。

また、困難な状況に効果的に対処したいなら、今現在している行動に集中する必要がある。心理学者たちはこれを〝課題に焦点づけられた注意（task-focused attention）〟と呼ぶ。私たちは思考や感情に囚われてしまうと、現在していることに集中できなくなる。従って結果も悪くなる。本書で学ぶマインドフルネスのスキルは、それがフットボールでもトランペットでも、あるいはセックスやセールストークでも、自分のしていることに没頭、集中させてくれる。しかも、それは能力を向上させるだけではなく満足感まで高めてくれるのだ。

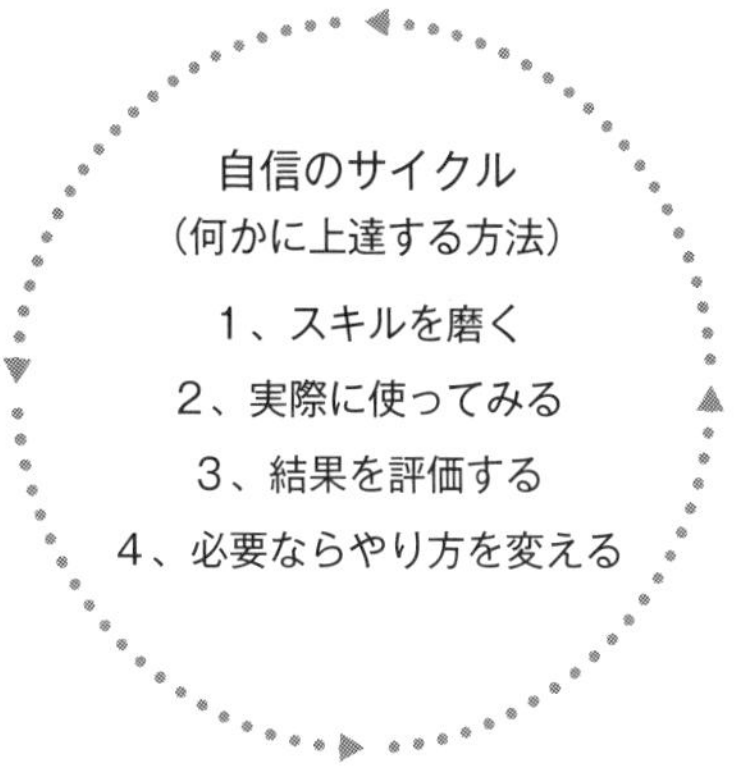
自信のサイクル
（何かに上達する方法）
1、スキルを磨く
2、実際に使ってみる
3、結果を評価する
4、必要ならやり方を変える

●ステップ3：結果を評価する

身につけたスキルを使ったら、次は結果を評価してみよう。何が効果的で、何が効果的でなかったか？　この次はどのようにやれるか？　大切なのは自分を責めることなしに判断することだ。

もちろんこれは言うは易し、というやつだ。誰もが完全主義者の一面を持っている。私たちは何でも正しく、うまくやりたい。そして期待に達しないと、心は鞭を取り出して私たちを打ち据える。だが、厳しい自己評価というものは常に非生産的だ。私たちを高みに駆り立てるよりも、あきらめたくなる方向に持っていく。本書では、マインドフルネスによってこれを回避する方法を学ぶ。偏りのない内省と自分への優しい激励は、自分を鞭打つよりもずっと助けになる。

●ステップ4：必要ならやり方を変える

最後のステップは、得られた結果によってやり方を変えることだ。うまくいくやり方を増やし、うまくいかない部分は変える。これは進歩と成長へのただ一つの道だ。ことわざにもあるように、「今まで通りのやり方を続けていても、今まで通りの結果しか得られない」のだ。

そしてこのサイクルを繰り返す。新しいやり方のスキルを磨く、それを実際に使ってみる、結果を評価する、必要ならさらにやり方を変える、また練習する。最後にはとても上達しているだろう。これらが難しすぎると感じるなら、次のように考えてみよう。

■あなたはすでに何度もやってきた

ここで、あなたが自信を持って自然に滑らかにできること、ほとんど意識せずにできることを思い出してみよう。あなたはナイフとフォークが使える。ペンで字が書ける。やかんで湯を沸かせる。歩き、話し、本を読み、買い物に出かけ、トーストを焼き、缶詰を開けられる。トイレを使い、風呂のお湯を張り、時計を読み、アルファベットをそらんじ、服を着ることができる。それもほとんど努力なしに。それらをどうやって身につけたのだろう？

答えは練習、練習、練習だ。スキルを磨き、常に結果を評価しながらやり方を変えていく。

あなたはこの手順で、これらを自然に、流れるように、自信をもって行えるようになったのだ（心は反論するかもしれない。〝でも一部の人には天性の能力がある〟と。それは事実だ。だが彼らにしても、上達するまではこのサイクルを何度も繰り返し行ったのだ。〝天性の能力〟とは、それを持つ人々が他の人ほどの努力をせずに同じレベルに達することができることである）。

■よくある原因

自信のなさを引き起こす原因としてよくあるのは、過剰な期待、厳しい自己評価、恐れに囚われる、経験不足、スキルの不足などだ。これらはおいおい検討するが、ここでもう一度確認しておこう。真の自信を育てるには練習が必要だ。というより「コミットされた行為（決意の行動）」が不可欠だ。

ACTでは、なりたい人物のようにふるまう、あるいは自分にとって本当に大事なことをする等の、本質的な価値に基づいた行動のことを〝コミットされた行為〟と呼ぶ。コミットされた行為、つまりコンフォートゾーンから出て心が本当に重要視していることを行う。これによってのみ、私たちは真の自信を体験できる。

ここでちょっとストップし、自分が今考えていることを観察してみよう。二〇秒間だけ読むのをやめ、目を閉じて心の言葉に耳を傾けよう。

＊＊＊＊

さて、あなたの心のテンションが上がり、これらを試したくてウズウズしているなら幸いだが、もしかすると呻き声を上げて文句を言っているかもしれない。あるいは、こんなことはあまりに難しいと言うかもしれない。絶対失敗するからあきらめたほうがいい、と説得するかもしれない。こうした反応はごく自然で正常なものだ。心がなんと言おうと、それがポジティブであろうとネガティブであろうと、背中を押してくれようと押し留めていようと、情熱的だろうと懐疑的だろうと、それを変えようとせず、ただ認めてやろう。

第1章も終わりに近づいてきた。手短にキーポイントをまとめておこう。

■キーポイント

・もっと自信があったらどんな行動をするか考えよう。そしてそれを「〝人生をこう変える〟のリスト」として書き出してみよう。

・自信のゲームの「ルール1」を覚えておこう。まず自信の行動があって、自信の感情はそれについてくる。

・自信が持てない理由を特定する。過剰な期待、厳しい自己評価、恐れに囚われる、経験不足、スキルの不足など。

・自信のサイクルを忘れないようにしよう。スキルを磨く、実際に使ってみる、結果を評価する、必要ならやり方を変える。

■〝手っ取り早く身につく自信〟などというものはあるか？

多くの本や、コース、セミナーなどが、すぐに自信を身につけられると謳っている。〝手っ取り早い自信〟とはなかなかうまいネーミングだ。なぜならそれは、手っ取り早く消え失せるからだ。こうしたもので得られるのはごく短い間の自信だ。安全な寝室でその手の本を読んでいる時、車の中で自信をつけるCDを聞いている時、騒がしいセミナーに参加している時は自信が湧き上がる。だがコンフォートゾーンを出て実際の困難に遭遇すると、これらの自信はあっさりと消え失せてしまう。サクッと消える。消失する！　なぜそうなるか、ちゃんとした理由がある。それを知るには少し時間を巻き戻さなければならない……。

第2章　古き良き日々

■奴らがやってくる！

ドーン、ドーン、ドーン！

足元の大地が震えている。

ドーン、ドーン、ドーン！

巨大な野獣がその強靭な胴体を宙に浮かせ、大地を震わす咆哮をあげる。野獣の背丈はあなたの三倍はある。体は茶色の体毛で覆われ、足は木の幹のように太い。口からはでっかい牙が突き出している。

それは怒り狂い、まっすぐあなたに向かってくる！

ドーン、ドーン、ドーン！

次に何が起こるか？　結果はすぐに分かるだろう。ここで、自信のゲームの〝間違ったルール〟の大元に立ち返ろう。「事を起こす前に、まず自信がなければならない」、このルールは私たちの常識に訴えかける。重要なことに取り組む場合、自信があった方が行動がずっと楽になるからだ。だがこの考えに固執すると多くの時間と努力、エネルギーを感情のコントロールに費やすことになる。恐れや不安、疑念を追い出し、落ち着きと自信、確信に変えようと躍起になる。多くの自己啓発書はポジティブアファメーション、ネガティブ思考への挑戦、自己催眠などの方法でそのやり方を伝授する、と主張する。しかし感情のコントロールはそんなに簡単ではない。そして努力すればするほど、失望や落胆、自暴自棄の感情が大きくなる。

だが、私の言葉を真に受けないで欲しい。自分の経験を振り返ろう。コンフォートゾーンから出て恐れと向き合うなどの本当に難しい局面で、感情をコントロールできるテクニック（強力なドラッグを使うなどは論外だ）に出会ったことがあるだろうか？　こうした状況で自信と確信を持たせてくれるテクニックに。実はこの質問はひっかけだ。あなたの答えがノーであることは分かっている。なぜなら、そんなものはないからだ。数十億年の進化の過程で身についた、困難な状況に遭遇した時の反応、いわゆる「闘争・逃走反応」を変える特別な方法など存在しないのだ。

くわしく説明するために、マンモスの話に戻ろう。毛深いマンモスがあなたに向かって突進してくる。選択肢は二つしかない。（a）逃げる（それもできる限り速く！）か、（b）踏み留まって戦う（それも死ぬ気で！）かだ。これが「闘争・逃走」である。どちらを選んでも、ものすごいエネルギーが必要になる。戦うか逃げるためには相当の力と強さ、スタミナが必要だ（でなければぺちゃんこにされてしまう）。

だが、数千万年の進化に感謝しよう。あなたの体はこんな時に必要なものをちゃんと与えてくれるのだ。脅威に遭遇した時、体はアドレナリンを放出し、反射行動はより早くなり、次の行動に備えて筋肉は緊張し、意識は研ぎ澄まされ、心臓は多くの血液を一番必要な部位に送り出す。とりあえずは腕と足の筋肉だ。この驚くべき働きを、私たちは闘争・逃走反応と呼ぶ（厳密には、闘争・逃走・凍結反応と呼ぶべきだ。なぜなら私たちは時に、逃げるか戦うかする以前に凍りついてしまうからだ。だがここでは単純さを重んじ短い方をとろう）。

すべての哺乳類、そして魚や爬虫類、鳥類も、闘争・逃走反応を示す。これは素早く起こる自動反応で、生き残るためには必須のものだ。恐怖を感じると、それは直ちに作動する。すぐに戦いに備えるか、あるいは逃げる準備をする。最も生き延びられそうな方を選択するのだ。マンモスに襲われた私たちの先祖がこうした反応をしなかったらどうなっていただろう？　ただ突っ立って、突撃してくるベヒモス（旧訳聖書に出てくる巨大な動物）の美しさと威容に見とれていたら。彼または彼女は、ただぺちゃんこにされるだけだろう。

ちょっと想像してみよう。先史時代の平和な谷。あなたは洞穴で暮らす集団の一人だ。谷での暮らしは悪くない。食料や水のありかは分かっているし、仲間も気心の知れた連中ばかりだ。どのあたりに危険な動物がいるかも分かっているので、身の安全も図れる。だがあなたは、いつもこの平和な谷にいられる訳ではないことも知っている。時には食べ物を探しにいかなければならない。食料が残り少なくなると、仲間と協力し、山を越えてケナガマンモスを狩る旅に出なければならないのだ。

これは簡単なことではない。そのリスクは相当なものだ。慣れ親しんだ地域から離れるほど危険も多くなる。外の世界には大きな爪や牙を備えた巨大な動物がたくさんいる。彼らは体毛のない貧弱な猿をランチタイムのスナックにするのが大好きだ。あなたはいつも警戒し、サーベルタイガーや腹を空かしたホラアナグマ、さらには敵対する部族にも目を光らせていなければならない。

茂みの中の突然の動き、空気中の奇妙な匂い、地平に見える奇妙な影などのほんのわずかな危険の兆候にさえ、闘争・逃走反応は作動する。心臓は高鳴り、アドレナリンがほとばしり、筋肉は緊張する。これはいいことだ。闘争・逃走の準備ができたのだ。警戒が間違いだと分かっても問題ない。恐れが消えれば反応も収まる。アドレナリンのレベルは下がり、心拍も落ち着き、よりリラックスできる。

こうしたメカニズムは祖先の代から大して変化していない。もちろん人生はずっと楽なものになっ立ち戻ろう。今より自信が持てたらあなたはどう行動するか？　ちょっと時間をとって「自分が無限の自信を得たとしたら……」という質問（24頁）に対するあなたの答えをよく検討してみよう。うまくすればあなたの回答は価値と目標の両方を示してくれるだろう。例を挙げると、もっと多くの友人を作りたいのか、それとももっと堂々と主張ができる性格になりたいのか。話術の巧みな人間になりたいのか、何かに積極的に集中したいのか、ゴルフが上手くなりたいのか、よい親になりたいのか、ビジネスを発展拡大させたいのか、それとももっとオープンで親密な結婚生活を望むのか、もっと自分を受け入れたいのか。信頼と誠実さに満ちた関係を育みたいのか、重要なプロジェクトを始めたいのか、それとも完成させたいのか、仕事を変えたいのか、本を書きたいのか、試験に合格したいのか、はたまた職場の素敵なあの人をデートに誘いたいのか。

現時点ではっきりした答えを出せなくてもまったく問題ない。何か適当な答えを考えよう。曖昧なものでもいいし、単語一つでも構わない。答えはあとで変更できる。とりあえずやってみることが大切だ。

これらの質問についてじっくり考えたのち、次の「〝人生をこう変える〟のリスト」に単語をいくつか書き込もう。リストを作りながら、価値（継続的にどんな行動をとりたいか）と目標（得たいもの、完成させたいこと、所有したいもの）が分けられるかやってみよう。もし本に書き込みたくなければ、リストを日記に書き写すか、筑摩書房のホームページ www.chikumashobo.co.jp から、本書に出てくるエクササイズのワークシートを無料でダウンロードしよう（「ラス・ハリス　ワークシート　自信」で検索してください）。

■〝人生をこう変える〟のリスト

た。大きな獣に食われたり角で突かれたり、踏み潰される危険はほとんどない。だがリスクを冒さなければならない点は変わらない。人間として進歩・成長を望むなら、慣れ親しんだ場所を出て未知の領域を目指さなければならない。しかも一度だけではなく何度も。そして私たちが、日頃親しんでいる領域――コンフォートゾーンを出るたび、闘争・逃走反応が作動する。

これはまったく自然なことだ。そもそも、新しい挑戦をするためにコンフォートゾーンを出るたびに、かなりのリスクを負うことになる。物事が自分の望むようになるという保証はない。悪いことも起こり得る、というのが〝不都合な真実〟だ。悪いことは起こらない、などという保証はない。あなたは失敗するかもしれない。あるいは傷つき、何かを台無しにし、大恥をかくかもしれない。人々に拒否され、お金を失い、時間と努力は無駄になり、何の成果も残せないかもしれない。コンフォートゾーンから踏み出す一歩が大きいほど困難も大きくなり、どんな結果になるか、ますます予想はつかなくなる。こうした状況では、闘争・逃走反応のスイッチを切ることは不可能だ。完全な自信や確信など持てるわけがない（もちろん危険な副作用のあるドラッグを使えば別だが）。

私たちが日常で闘争・逃走反応について話題にすることはない。誰かが「来週二〇〇人の人々の前でスピーチをするんだが、闘争・逃走反応に悩まされていてね」などと言うのを聞いたことはないだろう。恐れと緊張が話題になることの方がずっと多いはずだ。

■名前の裏にあるもの

恐れには様々な名前がある。一般的なものを挙げてみよう。自信のなさ、不安、自己不信、不安定感、緊張、怖気づく、ストレスを感じる等。私は今までに多くのCEOや軍人、警官、弁護士、外科医などと会ったが、彼らは恐れや不安を持っていることを認めようとしなかった。こうした感情が自分の不手際の証拠、あるいは弱さの兆候だと思っていたからだ。彼らは、〝ストレス〟や〝緊張〟、〝神経過敏〟、あるいは〝自信崩壊の危機〟にあることは認めても、〝不安〟と〝恐れ〟はけっして認めなかった。

これはさして驚くことではない。ほとんどすべての文化で、恐れは弱さの表れとして忌み嫌われている。特に男の場合はそうだ。私たちの社会では、この洗脳は小さい頃から行われる。思い出して欲しい。子供の頃、何かを恐がった時、大人が口にした役に立たない言葉は何だっただろうか？　そしてその出来事は、恐れについてあなたにどんなメッセージを送っただろうか？

たとえば大人はこんな言葉を投げかけたのではないだろうか？　「馬鹿なこと言うな、怖がる必要なんてないんだ」あるいは「くだらないこと言わないで、幽霊（あるいは怪物、吸血鬼）なんていないんだから」。これらが伝えるメッセージは「恐れを感じるのは愚かで馬鹿げたこと」というものだ。あるいはこんなセリフも聞いただろう。「赤ちゃんみたいですよ」「もっと大人になれ」「年相応のことをしなさい」。恐れが強すぎてあなたが泣き出すと、こう言われたかもしれない。「赤ん坊みたいに泣くんじゃない」「弱虫だな」「男の子は泣かないものだ」。つまり、恐れとは未熟さ、弱さだとされているのだ。

大衆文化はこの考えをさらに強める。本や漫画、映画・テレビに登場するヒーローやヒロインは恐れを知らない。インディ・ジョーンズ、チャーリーズ・エンジェル、ジェームズ・ボンド、ワンダーウーマン、スーパーマン、バットマン。彼らは何も恐れない！　時には、本当にまれだが恐れの感情を垣間見せることもある。私はボンド映画の中で、ボンドの額に汗が流れているシーンを見たことがある。それは「007　ドクター・ノオ」だった。足を折り曲げ、テーブルに縛りつけられたショーン・コネリー。レーザービームが彼の睾丸をスッパリと切り落とそうとしている。こういう状況で、ボンドは額に汗を流すことを許された。だがいつもは、全世界が吹き飛ばされようとしている時でさえ、彼は微笑みジョークをとばす。

こんな状態だから、恐れに対してネガティブな思いを持って成長するのも無理はない。これはとても残念なことだ。本の後半で述べるが、恐れとは強力な燃料なのだ。一度扱い方を覚えれば、それは強い味方になる。目的を達成するためにそのエネルギーを使えるのだ。だが恐れを悪いものと考えている限り、貴重なエネルギーは恐れを避けること、追い払うことに浪費される。

さて、再び本を読むのを一〇秒間ほど中断して、心が伝えようとしていることに耳を傾けよう。

＊＊＊＊

あなたの心は準備ＯＫで、もっと多くを知る気満々だろうか？　それとも「この男はほら吹きだよ。しょうもない本を買ってしまったな。こんな話は聞きたくないよ」と言っているだろうか？

あなたの心がなんと言おうと私は気にしない。あなたが本書を読み続けてくれることを確信している。本書を読み進めていくうちに心がとても高揚することもあれば、疑い深く批判的になることもある。それが心の働きだ。心のおしゃべりを後ろで鳴っているラジオのように感じ、本を読み続けられるかどうかやってみよう。また、恐れや緊張、不安を追い払うことで自信（二つの定義の両方とも）を育てることはできないという現実を受け入れられるか見てみよう。実際のところ、あなたが恐れと自分との関係を変え、それを自分に有利に利用すれば、二つの定義の両方で真の自信を育てることができるのだ。だがそこに行く前に、もう少し恐れについての神話をボコボコにしよう。まずは次のクイズから始めよう。

第3章　ウソ？　ホント？

ちょっとしたクイズをしよう。次の文章を読んで、ウソかホントか答えて欲しい。

1. アルバート・アインシュタインは平均以下の学生だった
2. あなたは脳のほんの一〇％しか使っていない
3. 「私は成功する」、あるいは「私は愛される人間だ」等のポジティブな自己宣言は、低い自己評価を上げる良い方法だ

多くの人がこれらの質問に「ホント」と答える。まあ当然だろう。数え切れないほどの自己啓発のための本やテレビ番組、記事などが、これらを絶対の事実であるかのように押し付けてくる。彼らはアインシュタインの学校の成績が悪かったと主張する（ここでのメッセージは、人生の初期に躓いてもこれほど偉大なことができたのだからあなたにもできる、だ）。彼らはまた、あなたは脳の一〇％しか使っていない、と言う（メッセージ：脳をすべて利用したらどんなすごいことができるだろうか？）。また、ポジティブな自己宣言は高い自己評価をもたらす、とも言う（メッセージ：ネガティブな心の独り言を消すなんて簡単だ）。

私の口調からも分かる通り、広く知られ、頻繁に引用されるこれらの〝事実〟は、完全な間違いで

ある。確かに一〇代前半のアインシュタインはフランス語が不得意だった。だが全体的には優秀な学生で、特に数学と物理が得意だった。最終学年では、すべての科目の平均成績は八〇点以上だった。脳の一〇%しか使用していない、という主張に関しては、うむと考え込んでしまう。この考えが生まれたのは一九〇〇年代の初めだが、盛んに広められたのは過去五〇年間だ。多くの自己啓発プログラムがこれを〝事実〟と喧伝しているにもかかわらず、これを裏付ける科学的根拠は決して見つからない。つまり、全くのナンセンスなのだ。科学者はMRIやPETスキャンから顕微鏡まで、様々な方法を使って脳を徹底的に調べた。その結果、脳には無駄な部分など一つもなかった。すべての部位になんらかの機能があり、脳の一〇〇%が日々使われている。脳梗塞、脳腫瘍、病気あるいは怪我などで脳のわずかな部分が損なわれるだけでも、大抵の場合、大きな障害として現れる。

さて、ポジティブアファメーションはどうだろうか? 自己不信や低い自己評価、あるいは自信がない時に最もいい方法は、それを払拭するまでポジティブな思考を繰り返し行うことだ、というのは読んだり聞いたりしたことがあるだろう。あなたは試してみたことがあるだろうか? それは効果があっただろうか? それとも心に葛藤が起こっただけだったか? モチベーションについて語る講師や自己啓発の師《グル》たちはポジティブアファメーションを信奉する。またそれは人々の常識にも訴える。だがポジティブアファメーションに効果があるという科学的な裏付けは全くない。それどころか、科学が示す事実は真逆なのだ!

二〇〇九年、カナダの心理学者チーム、ウォータールー大学のジョアン・V・ウッドとジョン・W・リー、ニューブランズウィック大学のW・Q・イレイン・ペルノビッチは、サイコロジカル・サイエンス誌に革新的な研究を発表した(同誌は心理学の分野で十指に入る専門誌だ)。「ポジティブアファメーション――ある人には効き、ある人には危険なもの」と題されたこの論文は世界中で大きなニュースとなった。なぜか？　自己評価の低い人々が「私は愛すべき人間だ」あるいは「私は成功する」等のポジティブな自己宣言を繰り返した結果、自己評価が悪化した、という驚きの事実を明らかにしたからだ。

これらのポジティブ思考は助けになるどころか、強いネガティブ反応と、結果として落ち込みを招いたのだ。自己評価の低い被験者が自分に「私は愛すべき人間だ」と言い続けても、心は「いや違う」と反論し、そうでない事実のリストを読み上げるからだ。そして結局、気分は前よりも落ち込んでしまう。だが一方、被験者が自分に対してネガティブな思考を持ってもかまわないと指示された場合、被験者の気分は高揚した。

さて、これが自信とどう関係してくるのだろうか？　両者の関係はやや分かりにくい。だが少なくとも、以下の事実を示している。

■もうたくさんだ！

あなたは今まで教えられてきたことがすべて不正確で、役に立たないことに気づき始めたと思う（告白しよう、私もこれらの伝説を信じていた）。私たちは常識と思われる考えを、立ち止まって情報の出どころやその妥当性を疑うことなしに、あまりに無邪気に信じ込んでしまう。特に大衆心理学の世界ではこの傾向が強い。このことはしっかり覚えておこう。誤った考えにしがみついているとあらゆる問題が起こるからだ。偉大な作家、マーク・トウェインが言ったように、「トラブルの原因は知らないことではなく、知らないのに知っていると思い込んでいること」だ。

ではこの言葉を胸に、広く知られている四つの神話を検証していこう。〝恐れは弱さの表れだ〟〝恐れは能力を損なう〟〝恐れはあなたの足を引っ張る〟〝自信とは恐れのない状態だ〟。

■神話1：恐れは弱さの表れだ

あなたはこれに同意するだろうか？　ここで、弱さとはかけ離れた二人の人間の言葉を紹介しよう。前出の伝説的自転車ロードレーサーで史上最も偉大なアスリートの一人であるランス・アームストロングと、波打つ筋肉で男女のファンを熱狂させる映画スター、ヒュー・ジャックマンだ。

●私は失敗が怖い。失敗に対して大きな恐れを感じている。

――ランス・アームストロング

●恐怖から逃げても、恐怖という亡霊はけっして消えないとずっと思ってきた。恐れることで私たちの力は弱まる。だから私は常に、最も恐ろしいと感じることを受け止めてきた。

――ヒュー・ジャックマン

ここで読むのを止め、数秒間心の声に耳を傾けよう。

＊＊＊＊

あなたの心はこんな不満を漏らさなかっただろうか。「でも、彼らの場合は話が違うよ。僕はツール・ド・フランスには出場しないし、ハリウッド映画にも出演しない。だからやっぱり怖がらないほうがいいと思う」。心がそう言ったとしても驚くことはない。前の章で取り上げた闘争・逃走反応を完全に理解するまでには時間がかかる。正常な人間がコンフォートゾーンから出て困難な状況に足を踏み入れる場合、誰もがこうした反応を経験する。これは弱さの表れではなく正常な証拠だ。リスクを冒す時、困難に遭遇した時、コンフォートゾーンを出た時にこうした反応が起こらない場合、考えられることは以下のどちらかだ。（a）あなたの脳には深刻な問題がある。（b）あなたはジェームズ・ボンドのような架空の存在である。
もちろんあなたのコンフォートゾーンは大きさも形も、アームストロングやジャックマンのものとは違う。あなたの親や子供、隣に住む人の義理の母親のものとも違う。それは当然のことだ。私たちはそれぞれ一人の人間なのだから。だがあなたのコンフォートゾーンがどんなに大きかろうと小さかろうと、そこから出ると闘争・逃走反応が起こる点では違いがない。そして踏み出す一歩が大きいほど反応も大きくなり、恐れの感情も強くなる。しつこいようだが、

コンフォートゾーンを出てリスクを冒すと、あるいは困難な状況に陥ると、人は恐れを感じる。それは弱さではない。正常な人間の自然な反応なのだ。

本書を読んでエクササイズをすると、あなたのコンフォートゾーンは広がるだろう。そうなった時、かつて恐れや不安、自己不信を感じていた領域でも安心でき、現在行っていることに完全に集中できるだろう。だが、コンフォートゾーンから出ることなしにコンフォートゾーンを広げることはできない。そしてそこから出る時には必ず恐怖が姿を現すのだ。

■神話2：恐れは能力を損なう

トップクラスのアスリート、映画スター、講演者、ミュージシャン、その他の舞台人に尋ねてみれば、これが真実でないことが分かるだろう。演技者が人前に出る時は、彼らは間違いなくリスクを冒している。どんなベテランでも、どんなにファンに愛されていても、過去にどんなに成功していても、今回しくじってしまう可能性は常に存在する。彼らは自分の技術や能力を限界まで発揮しなければな

らない困難な状況に直面しているのだ。リスクを冒し、困難に遭遇した時に、人間は何を経験するだろうか？　そう、闘争・逃走反応だ。

だがしかし、最高の演技者たちはこの反応を、恐れ、心配、あるいは緊張などとは呼ばない。彼らはそれを、高揚する、回転を上げる、盛り上がる、アドレナリンが湧き上がる、などと表現する。〝恐れ〟や〝心配〟の代わりにこうした言葉を使うと、人々は以下のような重要な真実に気づく。

恐れは敵ではない。それは自分のために使用できるエネルギー源なのだ。

トップクラスの演技者たちは本能的にこの事実を知っている。彼らは恐れや不安を自分の力に結びつける方法を体得しているのだ。そしてそれを実行するうちに彼らの能力はさらに高まる。信じられないかもしれないが、本書はあなたにそのやり方を伝授する。

■神話3：恐れはあなたの足を引っ張る

これは前述の二つの神話の変形だ。恐れはあなたを、人生で求めるものから遠ざける、という神話だ。幸いなことにこれは間違いだ。足を引っ張っているのは恐れではなく、恐れに対するあなたの態度だ。〝恐れとは悪いもので、それがある限りやりたいことはできない〟という考え方を信じ込むほど、ますます深みにはまる。それどころかこうした態度はあなたを押しとどめ、恐れを強めさえする。やがては恐れることを恐れ、心配することを心配し、イライラすることに苛立つようになる（実際この態度は、パニック障害から社交恐怖までの不安障害全般の主な要因である）。

私は先ほど、最高の演技者は恐れを受け入れ、それを演技の力にする、と言った。だが時には演技者も、恐れは悪いものだという考えを持つことがある。そうなると、彼らは舞台恐怖症におちいる。こうして彼らの恐れは一瞬にして深刻な問題、大きな障害、戦うべきものに変化してしまうのだ。そして、それは抗おうとするほど悪化する。真実はいつもシンプルだ。

人々の足を引っ張るのは恐れではない。恐れに対する自分の態度で身動きが取れなくなるのだ。

演技者の中には恐れと戦おうとするあまり、それを追いやるべくドラッグを使ったり、出演予定をキャンセルするものもいる。だがそれはむなしい努力だ。ルーズベルト大統領の妻、エレノア・ルーズベルトは言っている。「恐れに向き合う時、あなたは強さ、勇気、そして自信を持つことができる。危険なのは、恐れと向き合うのを拒否し、真剣に対峙しないことだ」。

■神話4：自信とは恐れのない状態だ

この神話によれば、自信に満ちた人々は不安も心配も感じないという。これは単純に事実ではない。最初の二つの神話を思い出そう。困難な状況では、地球上で最も自信のある人々でも恐れを感じる。だが一度それを効果的に扱う方法を覚えれば、恐れが自信を壊すことはない。この事実は自信のゲームの二番目のルールに私たちを導いてくれる。

ルール2
真の自信とは恐れのない状態ではない。それは恐れとの関係が変化した状態だ。

■まとめ

次の章では実際のエクササイズに取りかかろう。あなたと恐れとの関係を変化させることを可能にし、真の自信を育む方法を学び、実践する。だがその前に、この章の主なポイントを要約しておこう。

■キーポイント

・コンフォートゾーンから出ようとする時、リスクを取る時、困難と向き合う時、あなたは恐れを感じる。だがそれは弱さではない。正常な人間の自然な反応なのだ。
・恐れは敵ではない。それは強力なパワーの源であり、うまく利用すれば恩恵を得られる。
・人々の足を引っ張るのは恐れではなく、恐れに対する彼らの態度だ。
・真の自信とは、恐れのない状態ではない。それは恐れとの関係が変化したものだ。

さて、恐れとの関係を根本から変化させ、それを敵ではなく強力なパワーに変える準備はできているだろうか？　その第一歩は、諸刃の剣である〝心〟の扱い方を学ぶことだ。

第2部

諸刃の剣

第4章　かならずそうなるわけじゃない

■それはあなたにとってどんな体験か？

　それはちょうど頭の中で響く声のようなものだ。「お前は失敗する」「お前にはそんな能力はない」「きっと拒否されるよ」「うまくいかないよ」「ひどいことになるかもよ」「まだ準備ができていない。もう少し後にしたらどうだ？」等。あるいはそれは、体の感覚のようなものかもしれない。胃が痛くなる、歯を食いしばる、喉が詰まる、心臓が高鳴る、足がガクガクする、筋肉がこわばる、胸が締めつけられる、息苦しくなる、口が渇く、手が汗ばむ、などだ。

　自信のなさ、失敗への恐れ、不安、神経のたかぶり、緊張……何と呼ぼうと、それはいくつかの基本的な要素でできている。心理学者の言うところの〝個人的体験〟である。なぜならそれらはあなたしか知らない体験だからだ。脳や神経システムが「生み出す（ＥＭＩＴＳ）」もっとも一般的な個人的体験は以下のようなものだ。

E……Emotion　感情
M……Memories　記憶
I……Images　イメージ（映像）
T……Thoughts　思考

S……Sensations　感覚

通常、人が自信のなさについて話す時、それは以下のどれかに当てはまる。

●不安や恐怖などの感情（Emotion）
●過去の間違いや失敗の記憶（Memories）
●過去にうまくいかなかった場面の映像（Images）
●失敗、災難、間違い、不足、放棄などの思考（Thoughts）
●早鐘のような鼓動、口の渇き、ソワソワする感じ（Sensations）

分かりやすくするために、本書ではこれらすべての個人的体験を二つのカテゴリーに分ける。記憶、思考、そしてイメージは単純に〝思考〟、感情と感覚は〝気分（フィーリング）〟、そして私が〝思考と気分〟と言った時には人間が持つあらゆる個人的経験、つまり〝感情〟〝記憶〟〝イメージ〟〝思考〟そして〝感覚〟を指す。

さて、持続的な自信を得るために私たちが知るべきことが三つある。

1. 思考と気分を効果的に扱う方法
2. 思考と気分が〝ネガティブ〟、あるいは不快な時でも、自分の行動をコントロールする方法
3. 抱えている思考や気分に関係なく、自分のしていることに一〇〇％没頭する方法

〝気分〟についてはもう少し後で扱おう。思考の手綱を取れるようになれば、気分をコントロールするのは簡単だからだ。では思考とは何かから始めよう。

■思考とは何か？

思考は私たちの頭の中に存在する言葉と映像だ（心理学者は〝思考〟を専門用語で〝認知〟と呼ぶ）。思考には様々なカテゴリーがある。記憶、イメージ、空想、信念、発想、態度、思い込み、価値、目標、計画、ビジョン、夢、欲望、予測、価値判断、などなど。だが私たちの思考がどんなに複雑だろうと、それらは二つの構成要素、言葉とイメージからできている。

自分で試してみよう。このパラグラフを終わりまで読み終えたら、一分ほど目を閉じ、心が何をしているかに注目してみよう。あなたはいくつかの言葉――声のように耳に聞こえるか、書いたものが見えるか――あるいは映像、場合によってはその両方に気づくだろう（もし何も浮かばなければ少し待ってみよう。心はたとえば「今は何も思考はないよ」などと言うだろう。もちろんこれも思考だ）。では今すぐ一分間やってみよう。

＊＊＊＊

何に気づいただろうか？　心は何と言い、何を見せたか？（言葉や映像ではなく、感覚か気分が起こったら、私はそれを〝思考〟と呼ばず、〝感覚〟あるいは〝気分〟と呼ぶ。これについては後で語ろう）。あなたは心が言葉と映像を生み出す名人であることに気づいただろう。ちょっと考えてみて欲しい。心は一日にいくつの思考を紡ぎ出すだろう？　一〇〇万ではないにしても膨大な数だろう。そして心は決して立ち止まらない。心にとっては常に〝見せ、伝える〟時間なのだ。それはいつも私たちに言うべきこと、あるいは見せるべきものを持っている。

あなたはまた、常にネガティブになろうとする心の傾向に気づいただろう。第1章でも言ったが、それはまったく自然で正常なことだ。人間の心は常に判断し、批判し、比較し、何かが足りないと指摘し、何を向上させなければならないかを言い続ける。また、私たちの社会は、ポジティブ思考は重要だというメッセージを雨あられと降らせてくるが、現実は〝人間の心はネガティブに考えるように進化してきた〟ということだ。

その理由を理解するために、遠い祖先の時代に遡ろう。ほとんどの科学者が、私たちの種、ホモ・サピエンスは約百万年前に現れたと考えている。この時代の私たちには四つの基本的な必要物があった。食料、水、住居、そしてセックスだ（同時にすべてをではない。それでは収拾がつかなくなる）。だが、死んでしまえばこれらは何一つ重要ではなくなる。つまり、当時、心にとってなによりも大事な仕事は、人を死から遠ざけておくことだったのだ。

だとすると、心がすべきことは何だろうか？　それは危険を探すことだ。常に周りの環境に気を配り、危険を探し、傷つける可能性があるものをすべて予測することだ。

一〇万年前、こうした仕事が苦手な心の持ち主はあまり長生きできなかった。熊や狼、サーベルタイガー、ケナガマンモス、雪崩、火山、敵対する部族、隣人の嫉妬……死につながる苦痛や暴力には事欠かなかった。こんな状況で、周囲の良いことにしか注意を向けず、ポジティブ思考により何一つ悪いことは起こらないと考えるお気楽な原始人がいたら、食われ、踏みつけにされ、子孫を残す前に殺されるのがオチだろう。

私たちは、いつも周囲に目を光らせ、警戒し、常に最悪に備える原始人から進化してきた。その結果、現代人の脳は常に私たちを傷つけ害するものを予期し、悪いことを予想するようになってしまった。私たちが多くの疑いや恐れ、心配、失敗の恐怖に囲まれているのも当然なのだ。それは弱さの表れでも心の欠陥でもなく、進化がもたらした副産物だ。これが、どんなに真剣にポジティブ思考に取り組んでも、心がネガティブな思考を生み出し続けるのを阻止できない理由なのだ。

これを聞くと多くの人がショックを受ける。社会があまりにポジティブ思考の重要性を押し付けているからだ（ある有名ブランドは、ボトル入り飲料水のラベルにこう書いている。「ポジティブに飲め、ポジティブに考えろ！」。どうか勘弁して欲しい。水を飲む時くらい思考に囚われず、平和な気分で飲みたいではないか！）。だが残念なことに、ポジティブ思考に関する本や記事、セミナーなどでは、少しばかりポジティブになる方法が学べたとしてもネガティブ思考を止めることは絶対にできない、ということは教えない。

自己啓発本に出てくる〝古い心のテープ（記録）を消去しろ〟〝古いプログラムを消してしまえ〟あるいは〝ネガティブな思い込みを抹殺しろ〟はすべてまったくのたわ言だ。最新の神経科学は、脳が古い神経経路を取り除いたり消したりすることはなく、単に古い神経の上に新しいものを構築するだけであることをはっきりさせた。新しい神経経路を使えば使うほど、新しい思考パターンは定着していく。だが古い神経経路がなくなることはない。これらの思考パターンが消えることは決してないのだ。

これはちょうど、森に新しい道を切り開くようなものだ。新しい道が使われれば使われるほど、それは定着していく。だがそれでも古い道がなくなってしまうわけではない。使われる頻度が低くなればある程度は草に覆われていくが、道は依然として残っており、再生するのは簡単だ。さらに、この例え話には問題がある。森の小道を使うのを止めるのは簡単だが、脳の古い神経経路を使わないようにするのは不可能に近い。

もう少し良い例えがある。新しいタイプの思考を身につけるのは新しい言語を学ぶようなものだ。

だがその言語にどんなに熟達しても、古い言語は決してなくならない。英語を母語とする人が、どんなにスペイン語がうまくなっても英語を話す能力はなくならないのだ。

■ある国の偉大な禅の導師

心の能力を最大限に発揮させることにかけては、禅の導師はオリンピックのアスリートのようなものだ。なので、いにしえの禅の寓話に耳を傾けるのには意味がある。ある日、禅寺で一人の新米の僧が僧侶の長に尋ねた。「和尚様、どうすればこの国でもっとも偉大な禅導師に会えるでしょうか?」。和尚は頭を掻きながらしばらく考えていたが、やがておもむろに言った。「私はすべてのネガティブ思考を消し去った、と言う人物を探し出せ。見つけることができても、それはお前が求めていた人物ではないことがわかるだろう」。

つまり、最も偉大な禅導師でさえネガティブ思考を持っているということだ。これは最高の〝ポジティブ心理学者〟でも同じだ。世界最高の心理学者、マーティン・セリグマンが分かりやすい例を提示している。セリグマンには『オプティミストはなぜ成功するか』(パンローリング/原題 *Learned Optimism*)や『世界でひとつだけの幸せ——ポジティブ心理学が教えてくれる満ち足りた人生』(アスペクト/原題 *Authentic Happiness*)等、大きな成功を収めた著書があり、ポジティブ心理学の父として広く知られている。私が彼を尊敬するのは、その正直さだ。セリグマンは過去二〇年間、世界中の人々に楽観的に考えることを指導してきたにもかかわらず、自身が困難な状況に遭遇した時、まず浮かんでくるのは悲観的な思考だと認めている。ここで再び、二〇秒間だけ本書を閉じ、心のメッセージを聞いてみよう。

＊＊＊＊＊

心は異議を唱えるか、反論するか、批判しているだろうか？　それともあなたが正常な人間だと知ってホッとしているだろうか？　次の展開に期待しているだろうか？　あるいは私が「これがお前の運命なのだから耐え忍べ」と言うのを恐れているだろうか？　心に好きなように発言させてやろう。心は常に言いたいことを抱えているのが分かるだろう。これらの意見は時には有効だ。だがまったく何の助けにもならないこともある。だからACTでは次のように言う。

■心というのは諸刃の剣だ

心は本当に驚くべき存在だ。未来を計画するのを助けてくれるし、過去から学ばせてもくれる。私たちが世界を分析するのを手助けしてくれる上、力強く生きるためのガイドラインを示してくれる。私たちがコミュニケーション、交渉、貢献、革新、向上、発明を行うことを可能にし、人類が創造・順応するのを後押ししてくれる。

これは心の明るい面だ。

一方、暗い面は、すぐに物事を批判し、厳しい判断を下すことだ。それは未来についての恐ろしげな物語を生み出し、過去の苦痛の記憶をほじくり返す。私たちの欠点、過ち、失敗を思い起こさせ、他者との比較によって落ち込ませる。これは少しも異常ではなく、欠陥でもない。すべて正常な人間の心の、普通の反応なのだ。

本書では、心の明るい面を利用する方法を見ていく。モチベーションと人生へのコミットメント（決意）を高めるために、あなたの価値（ACTの用語で、何者になりたいか、何を支持したいかなどについての、心の奥に眠る欲求）を明確にし、目標を設定し、戦略的に考える方法を学ぶ。だがとりあえず本章ではその暗い面、避けられないネガティブ思考をどう扱うかにだけ焦点を当てよう。あなたは疑問に思うかもしれない。「ネガティブ思考は本当に避けられないのか?」。では見てみよう。

■〝浮かんでくる思考〟のエクササイズ

スティーブン・ヘイズはちょっとしたエクササイズを考案した。今から私は三つのよく知られた文章を提示する。三つとも、英文の最後の単語は省かれている。この不完全な文章を読みながら、自分の頭にどんな言葉が浮かんでくるか見てほしい。これはクイズではないので、答えを当てようとしないでほしい。肩の力を抜いて自分の頭に浮かぶ言葉に気づくのだ。ではやってみよう。

●子供たちは姿は見せても～するべきじゃない。Children should be seen and not......
●メリーは小さな～を持っていた。Mary had a little......
●金髪の人は普通の人より～が多い。Blondes have more......

どうだろうか? 米国か英国、オーストラリア、カナダ、ニュージーランドで成長し、英語を第一言語とする人なら、〝heard(聞かれる)〟〝lamb(羊)〟〝fun(楽しみ)〟が浮かんできただろう。では、あなたは本当に〝子供たちは大人しくしているべきだ〟と思っているだろうか? メリーという女の子が羊を持っていて、それが学校までついてきたという話は真実だと思うか? 金髪の人はそうでない人よりも楽しいことが多いのだろうか? おそらく答えはどれもノーだろう。

さて、私がこれらの単語の羅列を心から消し去るよう言ったとしよう。心から完全に消去し、いかなる場合でも頭に浮かんで来ないようにするのだ。できるだろうか? ＳＦに登場する脳外科手術ならそれは可能かもしれない。だが、これらは心の奥底に埋め込まれているのだ。誰かが「メリーは小さな〜を」と言った時、〝羊〟という言葉が浮かんでくることはほぼ間違いない。心はこうしたもので溢れている。もう少し続けよう。次の文章を読んでどんな言葉が頭に浮かんでくるだろうか？

●すべての雲には〜がついている——悪い出来事にも良い面がある（銀の裏地）
●ダイヤモンドは女の子の〜（最良の友）
●〜にはもっと多くの魚がいる（海）
●あなたは〜の一〇％しか使っていない（脳）

私たちが「メリーは小さな〜を」という文章を見た時〝羊〟という言葉が自然に浮かぶのと同様、真に困難な状況に陥った場合、ネガティブな思考が湧き上がってくる。好むと好まざるとにかかわらず、コンフォートゾーンから出ようとすると、心は私たちが子供の頃から聞かされてきたいつもの話を持ち出してくる。あなたも分かっているだろう。「お前は失敗するよ」「へまをするぞ」「まずいことが起こるよ」「お前はまだ準備ができていない」「そんなことをするには不十分だ」「あまりに難しすぎる」などなど。

第1章で紹介した三三歳の内気な受付係クレアは、四年以上もデートしていなかった。彼女の「私には無理」の物語は「私はまだデートはできない。だって男の人とどんな話をすればいいのか分からないから。すごく緊張して黙りこくってしまう」だった。二軒目の店をオープンしたがっていたレストランのオーナー、ラジの話も紹介した。彼の物語は「失敗して大金を失うかもしれないからそんな冒険はできない」だった。そしてデイブ、小説を書きたがっていた理学療法士だ。彼の話はとても簡潔だ。「僕には書けない！」。アレクシスは二児の母親で、辛辣で支配的な義理の母親に立ち向かいたいと考えていた。アレクシスの物語は「そんなこと恐ろしくてできない。彼女がどんな反応をするか分からない」だった。最後の例はセブ、奥さんとのセックスを避けるようになったタクシー運転手だ。彼の物語は「あまりに気恥ずかしくてできない。また失敗したらと思うと怖すぎる」。

過去五年間、私はオーストラリア、英国、米国、ヨーロッパで、医者、弁護士、警察官、企業の重役、CEO、心理学者、カウンセラー、セラピスト、コーチ、精神科医、スポーツ選手、起業家、保護者団体など、数千人を相手にこの問題を話してきた。その時、私は必ずこう質問した。「この中に、手を挙げて「自分は〝私にはできない〟の物語を一つも持っていない」と断言できる人はいらっしゃいますか?」。今までのところ、手が挙がったことは一度もない。

では、〝自分にはできない〟という心のつぶやきをやめさせられない場合、どうすればよいのだろう? 三つの対処法が考えられる。(a)その思考に挑戦し、反論する。それが真実ではないという証拠をさがす。(b)さらに多くのポジティブ思考でその思考を追いやる。そして、(c)ネガティブ思考から自分の目をそむけさせる。

これらを試したことがない人は、やってみたくなるかもしれない。だが、誰もがこれらの解決方法を勧めていることからして、恐らくあなたも試したのではないか。そうであれば間違いなく、次のことが分かったと思う。aを実行するには多大な努力とエネルギーが必要だ。bは、一時的にネガティブ思考から逃れることができたとしても、心は新しい思考を生み出し続ける。cは、コンフォートゾーンから抜け出し、真に困難な状況に陥った時にはあまり助けにならない(すでに紹介した研究と同様、ポジティブに考えようという努力は状況をさらに悪化させるだけだと分かったかもしれない)。

■ではどうすればよいか？

ＡＣＴの知識がある人は、次の展開の予想がつくだろう。だが知識がない人は言うかもしれない。「ならばどうすればいいんだ？　ただこれらの思考を無視すればいいのか？　それとも歯を食いしばって耐える？　思考を追い出そうとする？　自分の気持ちをネガティブ思考から逸らせる？」。

個人的にはこれらの戦略はお勧めしない。賭けてもいいが、あなたも試したことがあるはずだ。この方法は、誰もがある時試す、常識的なアプローチだからだ。あなたがその一人なら、それが短期的には効果があっても、長期的に見ると、ネガティブ思考に有効に対処し、人生を豊かにする方法ではないことが分かっているだろう。

あなたはもっと画期的なネガティブ思考の扱い方を学ぶ。それは、成長の過程で教わったことと逆行するような方法だ。だがその前に、とても大事な質問がある。

■ネガティブ思考は本当に問題なのか？

ネガティブ思考は悪だ、問題の源だ、有害だ、自滅的だ、という主張を今まで何回聞いただろう？（あるいは人に言っただろうか？）。ネガティブ思考はすべきでない、〝勝ち組〟はポジティブに考える、ネガティブに考えるのは〝負け組〟だ、などの発言を。ネガティブ思考はあなたを押し留める、幸福な人々はネガティブ思考をしない、それは自尊心や自信を押し下げるだけだ、などなど。

おそらく、あなたがよちよち歩きの頃から、周りの人々がこうした考えをあなたの脳に刻み込んできたのだろう。両親、教師、自己啓発本、友人、医療関係者、テレビ番組、新聞、雑誌などから、何度も繰り返し聞かされてきたに違いない。もっとも極端なバージョンは、ネガティブ思考はあまりに有害で、それは現実として現れてしまう、というものだ。思考が現実化する？　なんとも興味深い意見ではないか。もう少し詳しく検討してみよう。

あなたはOCD（強迫性障害）と呼ばれる不安障害について聞いたことがあるだろう。患者は一日に何度もネガティブ思考に襲われる。彼らはあらゆる種類の悪いことを想像し、それが現実となるのを心配する。「俺はエイズになるだろう」「家が火事になるかもしれない」「子供たちが死んでしまう」。OCD患者はこうした思考に苦しめられ、しばしばそれが現実になると信じ込む。だがこれらの思考が現実にはならないことに気づくと彼らは回復し始める。一般的に、OCD患者は数百万回とはいかなくても、一日数千回はこうしたネガティブ思考に囚われ、それが起こることを完全に信じる。だがそれらが現実となることは決してない。

もう一つのよくある考えは、〝私たちの思考は行動をコントロールする〟、故にネガティブ思考は問題だ、というものだ。もしこれが事実なら人類は大きなトラブルに陥るだろう。あなたは愛する誰かに腹を立てるあまり、怒鳴りつけたり、揺さぶったり、別れたり、または仕返しをして相手を傷つけようと思ったことがあるだろうか？（自分に正直になろう。誰もが時にはそう考える）。では、これらの思考があなたをコントロールしていると想像してみよう。それを実行し、相手を傷つけたら、身近な関係はどうなるだろう？　友達は残っているだろうか？

あなたは、何かを辞めようと思ったのに、続けたことがあるだろうか？　何かから逃げることを考えたが踏み留まってやり通したことは？　思考が私たちの行動をコントロールしていないのは明らかだ。確かに思考は行動に影響を与える。だが行動をコントロールすることはない。あなたはこれからネガティブ思考を追い払うことなしに、その影響を即座に弱める方法を学ぶ。

うつや統合失調症、薬物依存、不安障害を抱えた人々がアクセプタンス&コミットメント・セラピーによって豊かで意味ある人生を取り戻したという研究結果は一流の心理学専門誌にごまんと掲載されている。さらにビジネスやスポーツの世界でも、アクセプタンス&コミットメント・トレーニングはストレスの軽減、充足感の増大、能力の向上などにおいて同様の結果を残している。そして、ACTはネガティブ思考と対立したり、それを軽減・消去しようとしたり、変化させることにエネルギーを費やさない。なぜか？　ACTは、ネガティブ思考は本質的には問題ではないという前提に立っているからだ。

ここでまた、一〇秒間ほど心の声に耳を傾けてみよう。

＊＊＊＊＊

心はなんと言っただろうか？「そんなの嘘っぱちだよ」「マジで言ってるのか？」「私は信じない」だろうか？　それとも「へぇ、それは面白そうだ！」だろうか？　心がなんと言おうと私は気にしない。後ろで鳴っているラジオのようにおしゃべりさせておき、私たちは先に進もう。

先ほどの話題に戻ろう。ACTはネガティブ思考を本質的な問題とは考えない。ネガティブ思考は、それに囚われた時、それに注意を向けた時、それを絶対的真実として扱う時、コントロールすることを許した時、あるいはそれと戦おうとする時のみ問題になる。思考に対するこうした反応を専門用語で〝フュージョン（融合）〟と呼ぶ。

なぜフュージョンなのか？　二枚の金属片が溶けてくっついた状態を想像してみよう。フューズ（融合する）という言葉以外で、この状態をどう表現するだろう？　固着、溶接、接合、混合、結合？　これらの言葉は皆同じ意味を含んでいる。二枚の金属片が分かちがたく密着している、ということだ。同様に、あなたと思考が融合している、という時、そこに分離はない。フュージョンの状態にある時、私たちは完全に思考に絡めとられている。思考につかまっている。それに振り回され道を見失っているか、それと戦っているのだ。

別の言い方をすれば、私たちが思考と融合している時、思考は私たちに対して大きな影響力を持っている。だが思考から脱フュージョン——ACT用語で、思考から離れ、それが言葉やイメージ以上のものではないと認識すること——すれば、思考の影響力は少なくなるかゼロになる（たとえそれが事実であったとしても）。

だが私の言葉を鵜呑みにしてはいけない。あなたは次の章で、自分の思考がどんなにネガティブでもそれは必ずしも問題にはならないことを理解するだろう。ネガティブ思考からの脱フュージョンの方法を学んだら、もはや私たちへの影響力はなくなる。ネガティブ思考が私たちを、なりたい自分、やりたいことから遠ざけることはなくなるのだ。ネガティブ思考と戦ったり、異議を申し立てたり、抑圧したり、追い出そうとしたり、くよくよ考えたり、あるいはコントロールを許したりする必要はないことが分かるだろう。あなたが学ぶべきことはただ一つだ。それは……。

第5章　釣り針から逃れる

ジョー・シンプソンは凍え、激しい苦痛の中にいた。右足を骨折し、膝は完全に砕けていた。彼の登山パートナーは、ジョーが巨大なクレバスの底に落ちて死んだものと思い立ち去った。

ジョー自身、この状況から生還できるとは思っていなかった。食料はなく、水も、火を起こす燃料もなかった。彼はペルー、アンデス山脈の奥地の山に置き去りにされ、氷が形作った橋の上に横たわっていた。ジョーが死んだと思い込んだ登山パートナーは、彼を残してベースキャンプに戻ってしまった。だがこの絶体絶命の状況でジョーはクレバスから這い出し、砕けた足を引きずりながらベースキャンプに生還したのだ。たった一〇キロ弱の距離だったが、それは三日間の、這ったり片足跳びを繰り返す苦痛の日々だった。

畏敬の念を起こさせるジョーの物語は、『死のクレバス──アンデス氷壁の遭難』（岩波現代文庫／原題 *Touching the Void*）を通してあなたも知っているかもしれない。私が感動したのは、この苦難の間中、ジョーがネガティブ思考の集中砲火を浴びていたことだ。彼は「どんなことがあっても生き延びるぞ」といったポジティブ思考で頭を満たしていたわけではけっしてなかった。それどころか、生還する確率はあまりに低く、自分は恐らく死ぬだろうと思っていたという。だが彼は、そうした思考に邪魔をさせなかった。あきらめることなく、雪の中でちょっとずつ体を引きずり続けた。心が「こんなことムダだ」「お前は死んだも同然だ」「あきらめた方がずっと楽だぞ」とささやいている時でさえ。

ジョーの物語は、「ネガティブ思考は必ずしも私たちの足枷とはならない」という強烈なメッセージだ。ポジティブで楽観的になるのを待つ必要などないのだ。私たちは行動を起こせる。心が、「お前には無理だ」と言う時でさえ。ちょっと実験して欲しい。自分に何度も言い聞かせよう、「私は腕を持ち上げられない、私は腕を持ち上げられない」。そう考えながら腕を持ち上げてみよう。読み進む前に、今やって欲しい。

＊＊＊＊＊

そう、心がいくら「できない」と言っても、腕を持ち上げることはできる。このエクササイズを集団で行うと、多くの人が一、二秒躊躇した後、腕を上げる。時には一〇〜一五秒してから持ち上げる人もいる。これは恐らく、私たちには心の言うことを鵜呑みにする、心が告げることをすべて信じ込む習慣があるからだろう。だが幸い、この習慣を壊す方法がある。心が「そんなこと不可能だ」と言ったとしても、すべきことをする方法があるのだ。それは……。

■釣り針から逃れる方法

釣り糸から逃れようともがく魚を見たことがあるだろうか？　どんなに激しく抵抗しても、それは虚しい努力だ。一度針を飲み込んだらそれを外すことはできない。

ＡＣＴではフュージョンという専門用語よりも、思考に〝つかまる〟という言い方をする。心は私たちに思考を次々と投げかけ、餌をちらつかせる。餌に食いつき、それにつかまると、私たちは自分の思考に絡めとられてしまう。そして思考は行動に大きな影響を及ぼし始める。だが幸い、釣り針から逃れる方法はある（それは思考から〝脱フュージョン〟することだ）。この章ではそのための様々なテクニックを紹介しよう。だがその前に、私たちを捕えようとする思考のタイプを見ていこう。私たちをすべきことから遠ざける〝私にはできない〟物語の様々なパターンだ。

■あなたを捕えるのは何か？

何か重要な変化――なりたい人物になり、したいことをするなど――を起こそうとする時、心がささやきそうなことは何か？　心はチアリーダーとなって、以下のような熱い応援歌を歌ってくれるだろうか？

●がんばれ！　君ならできる。思い切ってかかっていけ！
●簡単だ！　今すぐやれ！　お前にはその力がある！

あなたが私や、私が今まで見てきた数百人のクライアントと同様の人間なら、心がチアリーダーになってくれるのは、行動するのがずっと先の場合だろう。「よし、来年挑戦するぞ！　簡単さ！」。だが、今すぐことを起こすとなると話は変わってくるのではないか？

私の話をしよう。土曜日の朝、私はこの章の初稿を書きながら、投げ出したいという強い衝動に駆られている。今はこれをする気分ではない。正直ひどく気乗りがしない。今すぐ書くのをやめてネットを見たい。あるいはメールの返事を書くか、子供と遊ぶか、クッキーを食べるか、お茶を淹れるか、要するにこれを書くこと以外なら何でもしたい。心はささやき続ける、「これはものすごく退屈だ」「こんなことする気分じゃない」「難しすぎる」「後でやろうよ」「外は天気がよくて暖かい。散歩に行こうよ」「お前の文章は全然よくない」「もっと面白く書かないと、この本は失敗するぞ」「ちょっと休憩してから続きを書こうよ」。

私がこうした思考につかまったら何が起こるだろうか？　二つの結果が予想される。（a）書くのをやめる。（b）なんとか続けるが、現在していることに集中・没頭するかわりに、思考に囚われ続ける。書き続けるのが難しいばかりでなく、クオリティーも損なわれる。

実際、二つの結果は今まで何回となく経験してきた。そしてそれは現在も起こる。私の必死の努力にもかかわらず、心は私を釣り上げる方法を熟知しているのだ。だがいい面もある。練習すればするほど、針から逃れるのが上手くなり、自分にとって重要なことができるようになる。おかげで私は二年しないうちに今三冊目の本を書いている（だが、心がネガティブでなくなるのを待っていたら、今まで一文字も書いていないだろう）。

あなたは私と同じような思考に囚われたことはあるだろうか？　その時どんな影響があったか？　能力を思うように発揮できなかったか、それともやりたいことから遠ざけられただろうか？　そうだとしても問題ない。それは正常な人間であることの証しだ。人々が思考に囚われた時、普通に起こることなのだ。

以下の例は、私たちを捕え、目的を達成するのを邪魔する、よくある思考だ。あなたの心が使うのはどの餌だろうか？（自分のケースがなければ加えてほしい）。

「やる気が出ない」「私はだらしがない」「意志が弱い」「忙しすぎるよ」「疲れ過ぎている」「時間がないよ」「そんなエネルギーはないね」「来週から始めるよ」「どうせ失敗するよ」「時間の無駄さ」「恥をかくだけさ」「まだ力不足だよ」「準備ができてない」「難しすぎるよ」「もっと練習が必要だ」「もっと関連図書を読んでから」「もっと道具が必要だ」「他の奴らはこんなことしなくていいのに」「こんなに難しいなんておかしい」「あまりに不安だ」「変わろうとしてもいつも失敗する。今回だって同じゃないか？」

こうした思考や信条で、あと数ページは埋められる。すべきことができない理由を思いつくことにかけては心は素晴らしく優秀だ。ＡＣＴではこうした思考を〝理由づけ〟と呼ぶ。

理由づけには様々な分類があるが、一般的なのは次の四つだ。

1．障害：心は、行く手に立ちはだかるすべての障害物や困難を並べ立てる。
2．自己評価（自分についての判断）：心は、自分がその課題を達成するのに足りないものをすべて挙げる。
3．比較：心は、もっと上手くやれる、もっと才能のある、もっと簡単に目的を達成できる他者と自分を比較する。
4．予期：心は、失敗、拒否、その他好ましくない結果を予期する。

第1章で紹介した失業中のダンサー、サラは、もっと自信があればより多くのオーディションに行き、審査員の前でもっとうまく踊れるのにと言っていた。サラは驚くほどクリエイティブな心の持ち主だった。彼女の心はオーディションに行かない理由を無限に生み出した。オーディションに行くことがどんなに気まずく、恥ずかしく、不安か、上手く踊るためにはどれだけ練習しなければならないか、またそれはどんなに辛く、退屈でつまらないことかを彼女に説いた。公共交通機関を使ってオーディション会場に行くのがどんなに大変か、呼び出しがかかるまでどんなに長いこと悶々と待たされるかを思い出させた。また、彼女のダンスのまずい所や、彼女がいかに怠惰で意志も弱く、日々の練習を続けられないかも指摘した。彼女を知人のダンサーと比較し、彼らがいかに強健で優雅で、才能に溢れているかを説明した。そして、どうせ失敗するのだからやるだけ無駄だ、と言い放った。
サラが私のところに来た時には、彼女は深いフラストレーションを抱えていた。図書館ができるほどの自己啓発本を所有して、そのアドバイスを真面目に実践していた。莫大な時間をネガティブ思考と戦うことに費やし、ポジティブアファメーションを繰り返し、審査員が彼女のダンスに驚嘆している様子を視覚化した。しかしそうした努力も、心がオーディションに行かない（そして日々の練習をしない）理由を紡ぎ出すのを止めさせることはできなかった。サラについては次の章でまた触れる。とりあえず、今はあなたの心がどのタイプの理由づけを使うかを考えてみよう（私の心は全部使う！）。

■理由づけの機械

私たちの心は言ってみれば理由づけの機械だ。私たちが重要な変化を起こそうとする度に、心はそれができない、すべきでない、する必要がない理由のリストを次から次へと作る。そして、この作業をやめさせる方法はない。だが私の言うことを無条件に信じないでほしい。自分の経験を振り返ってみよう。今後の数日間、コンフォートゾーンから出て何かにチャレンジすることを目標として設定するのだ（言うまでもないが、人生を向上させるものにしよう。夜中に暗い通りを歩くなどの危険なものを選んではいけない）。筆記用具と紙かコンピュータを使ってあなたの目標を書き出そう。それらが手元になければ頭の中でやってもよい。次の形式で文章を作ろう。

〝私のコミットメント（決意）〟は次の行動をすることだ。＿＿＿＿＿＿（日付、曜日、時間を入れる）に、私は＿＿＿＿＿＿をする（腕、足、口などを使ってする行動を正確に書く）。

終わったら目標を読み上げる（声に出しても心の中でもよい）。そして同時に、心が言うことに耳を傾けてみよう。

理由づけの機械は動き出しただろうか？　やらない理由を吐き出し始めただろうか？　そうでないとしたら驚きだが、修理するのは簡単だ。理由づけの機械を動かすには目標の難易度を上げればよい。このページを読み終わったらすぐに誓いを立てよう。本を置いて自分の決意を、あなたが尊敬している誰かに宣言しよう（直接会ってもよいし、電話、メールでもよい）。

そして二〇秒間心の声に耳を傾けよう。心が生み出す理由をすべて聞いてみよう。

＊＊＊＊＊

このエクササイズをやってみて、心がどんな戦略を使ったか気づいただろうか？　それは障害、自己評価、比較、それとも予期だろうか？　もしまだやっていないなら、ちょっと考えて欲しい。あなたの心はエクササイズをやらない理由を生み出したはずだ。「面倒くさいよ」「後にしよう」「今は何も思いつかない」「難しいよ」「このくらい飛ばしてもどうってことないさ」。つまりあなたはつかまったのだ！　これは全く正常な反応だ。多くの読者が同じことをするだろう。心がどんなに理由づけが得意か、これで分かっただろう（分かったからには戻ってエクササイズをやってほしい）。

＊＊＊＊＊

■でもその思考が真実だったら？

私が理由づけについてクライアントに説明すると、こう反論されることがある。「でも、その思考は事実なんですよ！」。私が次のように答えると彼らは驚く。「この方法では、その思考が事実かそうでないかはどうでもいいんです。それが役に立つかどうかだけが問題なんですよ。これらの思考に行動を導かせたら、それは私たちが望む結果を得る助けになるか？　なりたい人間になる助けになるか？　生きたい人生を生きる助けになるだろうか？　ということです」。

さらに明確にするために、四つのよくある理由づけの分類を再検討しよう。

●1．障害

心は、行く手に立ちはだかるすべての障害物や困難を並べ立てる。

やりたいことを行動に移す時、誰もが障害、障壁、困難に直面する。そして心はとても効果的な問題解決マシーンでもある。これらの障害を心が現実的に測定し、それを解決する方法を建設的に検討するならば、それらの思考は助けになるものだろう。たとえば、障害あるいは困難が時間の不足であれば、心は言うだろう。「確かに私はとても忙しい。だからプレゼンテーション能力を向上させるための時間を作るにはテレビを見る時間を減らさなければならない」。こういう思考は助けになりそうだ。だが心が考えられるすべての障害を何度も反芻し、建設的・実際的な解決を探すことをせずに不平を並べてあなたに突きつけたり、どんなに大変かを説明するだけなら、それはあまり助けにはならない。

●2．自己評価

心は、自分がその課題を達成するのに足りないものをすべて挙げる。

また、向上の余地がある部分を見つけるのがうまい。心が適切に私たちのスキルを判定し、建設的にそれを高める方法をアドバイスしてくれるなら非常に役に立つ。たとえば、心が「私はジョークを言うのが下手だ。その辺を何とかしたい。ジョークについての本を買って信頼できる友達を相手にジョークを言う練習をする」と言うなら、それは役に立つ。だが単にあなたを批判し「私が社交的になるのは絶望的だ。命と引き換えてもジョークなんて言えないだろう。いつも動揺してオチを忘れてしまうんだ」と言うのなら、これは助けにならない。

●3．比較

心は、もっと上手くやれる、もっと才能のある、もっと簡単に目的を達成できる他者と自分を比較する。

心は比較の達人だ。それは時に、私たちが他者より優れていることを指摘するが、時に劣っていることも伝える。心が敬意を持って建設的に他者との比較を行い、私たちに学びと成長、進歩のチャンスをくれるなら、これは非常に助けになる。心が言ったとしよう。「タイガー・ウッズは私よりずっとゴルフがうまい。どんな練習をどれだけしているんだろう？　何か見習える部分はないだろうか？」。こうした思考を参考にすることは助けになるだろう。だが心が、他人がどんなに自分より優れているか、どんなに簡単にそれを手に入れたかを延々と語る場合は、あまり助けにはならない。

4．予期

心は、失敗、拒否、その他好ましくない結果を予期する。

ご存じのように、心は私たちに危険を警告し、私たちを傷つける可能性のあるものを予期すべく進化してきた。心が失敗や不幸を予想する時、それはすべき仕事をしているに過ぎない。では、心が建設的な方向で予期を行っていると仮定しよう。つまり、現実的な危険を評価し、最悪の事態が起こった時のプランを立て、その経験から何を学べるかを私たちに伝えているのだ。たとえば、「確かに、この本を執筆しても必ず出版されるとは限らない。実際多くの本は出版されないし、されたとしてもほとんどは僅かな利益しか生まない。ベストセラーになる確率は百万分の一だ。だが書けばその可能性は生まれる。書かなければチャンスはない。そして最悪の事態、つまり本が出版されない結果になっても、ベストを尽くしたという満足感は残る。また、文章力を高めることもできる」。これもおそらく役に立つ思考だろう。この考えに従えば、私たちは望む方向に行ける。だが心が「こんなことやる価値ないよ。本なんか絶対に出版されない。時間の無駄だ」のような暗い見通しを伝えるなら、こうした思考に耳を貸しても役に立たない。一つ大事なのは、以上の分類の中で挙げた〝助けになる思考〟には、〝理由づけ〟(できない理由をさがすこと)が一つもなかったことだ。助けになる思考とは〝何ができるか〟についての建設的なアドバイスなのだ。

ここで再び数秒間、理由づけについて心の声を聞いてみよう。

＊＊＊＊

心は反論しただろうか?「でも本当にできない場合はどうするんだ? 足がないのに自転車に乗りたい、みたいな時は?」。障壁があまりに巨大過ぎる場合は、目標をもう少し現実的なものに変える必要がある。だが幸い、こうした例は少ない。私たちはほとんどの問題を乗り越えられる。心が無理だと言う時でさえ。ネルソン・マンデラの言葉を紹介しよう。「何事も、成し遂げるまでは不可能に思えるものだ」。

■重要な言葉

ここで、本書でもっとも重要な言葉を紹介しよう。「有効性」だ。これをあなたの脳に刻み込んでほしい。ここからの話はすべて、この有効性を軸に進めていく。有効性は次のシンプルな質問で表される。「その行動が、より豊かでより満ち足りた、意味ある人生を創造するために役立つか?」。答えがイエスならあなたの行動には有効性がある。ノーなら有効性はない。

有効性の概念は、私たちを思考から解放してくれる。あなたの目的が、自分を力づけることによって効果的に行動し、理想の自分になることだとしよう。だが心はそんなことは無理だという思考を次々生み出してくる。その時あなたはこう質問する。「この思考に沿って行動したら自分の理想の人生を築けるだろうか?」。答えがノーならその思考は助けにならず、それに従ってもうまくいかないと判断できる。この作業にはほんの数秒しかかからない。立ち止まり、思考をチェックし、心の言葉に耳を傾け、そして自分に先の質問をする。役に立たない思考や信念を識別することはそれらが及ぼす影響を大いに軽減し、それに従って行動することは少なくなる。

だが、この手法は思考が真実であるか否かを議論するものではないことを肝に銘じてほしい。私たちが注意を向けるべきは「この思考に行動を支配させたら、望む人生に導いてくれるだろうか？」ということだけだ。

■たくさんの方法

これからたくさんの脱フュージョンのテクニックを紹介する（最初の三つはスティーブン・ヘイズによる最初のACTの教科書、『アクセプタンス&コミットメント・セラピー〈ACT〉――マインドフルな変化のためのプロセスと実践』〈星和書店〉から拝借した）。あなたは自分にもっとも適した、思考から自由になるための方法を見つけられるだろう。中には風変わりでおかしなものもある。だがそれらも試してほしい。どのやり方でも、まず思考と融合してもらう（つまり思考を信じ、完全に集中し、できる限り真実と思い込むのだ）。あなたは完全に思考に囚われた状態になり、そして再び思考から逃れるのだ。

さて、取りかかる前に一つ注意点を。心理学の世界には、望む結果を必ずもたらしてくれる方法はない。確かにこれらのテクニックは多くの人を思考から引き離し距離を取らせてくれるが、時には逆の結果になることもある。思考に引き寄せられてしまうのだ！　なので、これらのエクササイズに期待を抱かず、あくまで興味だけを持って、結果を観察して欲しい。そのテクニックがあなたを思考から切り離す（脱フュージョンさせる）か、思考に引き込まれるように感じるか（フュージョン）、注意して見てほしい。

（注意：これらのエクササイズによってフュージョンが起こることは滅多にない。もしもの時のために警告したに過ぎない。だがもしそうなったら学びの機会と捉えよう。思考に囚われるとはどんなことか知るチャンスだ。そして次のエクササイズに移ろう。）

どのエクササイズもまず説明を読んでほしい。実行するのはその後だ。一つのテクニックがうまくいかない場合、あるいは実行できない場合、次のものに移ろう。

●エクササイズ１：私は～という思考を持っている

・いつもあなたを捕えて、理想の人生から遠ざけている思考を思い浮かべよう。〝私にはできない〟物語の主要な部分を占める、自分についてのネガティブな自己評価が適している。「私はそれほど賢くない」「私には素質がない」あるいは「私なんか負け犬だ」など。
・この思考を心の中でつぶやこう。できる限り信じてみよう。それがあなたにどんな影響を与えるか見てみよう。
・その思考を頭の中で再生しよう。その時、思考の前に次のフレーズを入れよう。
「私は次の思考を持っている。それは～」
例：「私は次の思考を持っている。それは〝私なんか負け犬だ〟というものだ」のように。
・再び思考を再生しよう。ただし今回は別のフレーズを入れる。
「私は自分が次の思考を持っていることに気づいている。それは～」
例：「私は自分が次の思考を持っていることに気づいている。それは〝私なんか負け犬だ〟というものだ」

さて、何が起こっただろうか？　多くの人が、〝思考から距離が取れた〟あるいは〝思考から離れた〟と感じるという。もしあなたがそう思わなければ、別の自己評価を使って再挑戦してみよう。（まだエクササイズに手をつけていないなら、心が作ったやらない理由に気づこう。そしてとにかくやってみよう。）

●エクササイズ２：思考を歌にする

・１で使用したネガティブな自己評価を再び使おう。もしそれに以前ほどのインパクトがなかったら別のものを選ぼう。
・その思考を心の中でつぶやこう。できる限り信じてみよう。それがあなたにどんな影響を与えるか見てみよう。
・その思考を頭の中で、一字一句変えずに〝ハッピーバースデー〟のメロディーに乗せて再生しよう。（頭の中で歌っても、声に出してもいい。）
・その思考をもう一度再生しよう。今度は自分で選んだメロディーで歌おう。

今度は何が起こっただろうか？　ほとんどの人は、思考との距離感、分離した感覚が最初のエクササイズよりも強かったという。中には笑みが浮かんだり、声を出して笑ったという人さえいた。それがエクササイズの目的ではないが。要は、自分の思考を歌にすると、それは歌詞、つまり単なる言葉でしかなくなるということだ（思考は絵やイメージとしても現れる。だがここでは言葉を取り上げよう）。

●エクササイズ3：変な声のテクニック

・1で使ったネガティブな自己評価を使おう。もしそれに以前ほどのインパクトがなかったら別のものを選ぼう。

・その思考を心の中でつぶやこう。できる限り信じてみよう。それがあなたにどんな影響を与えるか見てみよう。

・その思考を頭の中で、一字一句変えずに、アニメのキャラクターや映画スター、スポーツコメンテーターの声にして聞いてみよう。

・その思考をもう一度、今度はもっと特徴のある声で再生しよう。たとえばシェークスピア俳優やコメディー番組のキャラクターなど。

これは思考を歌にするのとよく似たテクニックだ。自分の思考を別の声で聞くと、自分と思考を分離することができ、さらに思考は単なる言葉でしかないことが分かる。

●エクササイズ4：コンピュータ画面のテクニック

・1で使ったネガティブな自己評価を使おう。もしそれに以前ほどのインパクトがなかったら別のものを選ぼう。

・その思考を心の中でつぶやこう。できる限り信じてみよう。それがあなたにどんな影響を与えるか見てみよう。

・目を閉じ、コンピュータを想像して、この思考が画面に言葉としてシンプルな黒い文字で現れているのを見る。
・今度は文字の書体や色を様々に変えてみよう。文章自体は変えてはいけない。三つか四つの違った色、三つか四つの違う書体の文章を見てみよう。
・次に、文章をシンプルな黒の書体に戻し、今度は書式をいじってみよう。まず、単語間のスペースを広くしてみる。単語と単語の間を大きく空けるのだ。
・今度はすべての単語間のスペースを消して、つなげてみよう。
・一単語ごとに行替えをして縦に並べてみよう。
・最後に、文章を再び黒のシンプルな書体に戻し、カラオケで、今歌っている歌詞の位置を示すマークを加えてみよう。さらに、もし気が乗れば、この思考を好きな節回しで歌ってみよう。

このエクササイズは視覚が発達した人々にとってより効果がある。思考との距離、分離した感覚を持つことによって、それが単なる言葉の羅列に過ぎないことを分からせてくれるだろう。

さて、再び一〇秒間心に注意を向け、言うことに耳を傾けよう。

＊＊＊＊

心はどのように反応しただろう？　興奮して「ワオ、これは驚きだ！」と言っただろうか？　それとも怒って「なんで著者は〝思考は単なる言葉だ〟なんて言えるんだ？　それは事実だよ！」「こいつは私を馬鹿にしてる」「僕の思考がどんなものか分かってない、どんなに僕を苦しめているか分かっていないんだ」と言っただろうか？　あるいはがっかりして「こんなのはくだらんトリックだよ。きっと役に立たない」とつぶやいただろうか？

結果がどうだろうと、心が好きなように反応することを許してほしい。反応があまりに強く何の助けにもならない場合は、もう一つ別の手を紹介しよう。これはスティーブン・ヘイズによって考案された〝心に感謝する〟テクニックだ。心が言うことがどんなに挑発的で憎々しく、恐ろしいことだろうと、静かにユーモアを持って言う、「ありがとう心よ」。あなたの好きな言い方でよい。「意見をありがとう」「心よありがとう。いい物語だね」。私個人はこの脱フュージョンテクニックが一番好きだ。少し試してみて結果を判断してほしい。忘れないでほしいのは、このテクニックは心のこうした反応を止めようとするものではないことだ。目的はあくまで私たちを思考から分離することだ。

■言葉の力

あなたは次の言葉を聞いたことがあるかもしれない。「ペンは剣より強し」。この言葉で思い出すのは、〝言葉は行動に大きな影響を与える〟ということだ。たとえば書物や教典、宣言などは国家に暴力や流血、戦争などを超越する力をもたらすことがある。

同じように、フュージョン（融合）している状態では、言葉は大きな影響力を持つ。それはパニックや絶望をもたらす強烈な一発、あるいは胸のつかえとなって深みに引き込み、エネルギーを搾りとる。

だが脱フュージョンの状態では、思考は言葉以上の何物でもなくなる。これまでのエクササイズでいくらかでもこれを経験しているといいのだが、そうでなくても問題ない。この後、他の脱フュージョンの方法を試してみよう。

ACTではあなたの抱える問題を軽視したり馬鹿にしたりはしない。思考が行動に与える強力なインパクトを否定するつもりもない。私たちはあなたを力づけ、人生の選択肢を増やすことを目的としている。一度思考から脱フュージョンする、つまり思考から離れてそれをありのままに見ることができれば、人生の選択肢は大きく広がる。もはや心に翻弄されず、自動的に湧きあがる、深く根付いた役に立たない無意識の思考に好き放題させることもなくなる。そして真に大切な物事を追求することができる。たとえ心が理由づけを振りかざして邪魔をしても。

●エクササイズ5：もし両手が自分の思考だったら

多くの人が脱フュージョンを誤解している。彼らはそれが、ネガティブ思考を追い払う方法か、感情をコントロールする手法だと思っている。どちらも間違いだ。次のエクササイズは、脱フュージョンがどんなものか理解するためのものだ。これをするためには両手が自由な状態で、本書の説明の部分が読めなければならない。本書を広げて机の上に置き、重しを置いてページを開いた状態にする。または説明を記憶するか、誰かに読んでもらうのもいいだろう。

・このエクササイズでは、あなたの手はあなたの思考である。
・両手を前に出し、手のひらを上に向けて並べる。ちょうど開いた本のように。
・ものすごくゆっくりと、両手を自分の顔に近づけていく。
・手をゆっくりと顔に近づけていき、両目を覆うまで持っていく。
・両目を手で覆った状態に保ち、周りの世界を見てみる。見えない部分はどのくらいあるだろうか？この状態で一日を過ごすことを想像してみよう。効果的に行動し、人生を遂行するのはどんなに大変だろうか？
・できる限りゆっくり手を下ろしていく。
・手と顔の距離が離れていくと何が起こるか観察しよう。周囲の視界はどう改善されただろうか？

情報量はどう変化しただろうか？　自分の行動はどのくらい効果的になるだろうか？
・手を休めよう。それが消えてしまった訳ではないことに気づこう。手は今もあなたと共にある。自分の人生に役立てられることがあれば自由に使える。現時点で使うことがなければ、そのまま休ませてやればよい。

ここで脱フュージョンの主な目的二つを説明しよう。一つは、自分を現在につなぎ留めること、自分が周囲の世界とつながること、現在していることに完全に没頭することだ。もう一つは、効果的な行動をすること。思考が役に立つものであれば利用し、そうでなければそれに居場所を与えてそっとしておく。

ゴルフでもスピーチでも、誰かと会話したりセックスをすることでも、真の自信を育みたければ完全に現在に集中し、今している作業に没入する必要がある。またいつでも効果的に行動できなければならない。脱フュージョンはこの両方を可能にしてくれる。

では、一部の人々が完全に間違った解釈をしてしまうのはなぜか？　なぜ彼らは脱フュージョンがネガティブ思考を追い払うよい方法だと思ってしまうのか？　その理由は、私たちが思考から脱フュージョンする時、思考がしばしば消え去るからだ。また、時と共に思考が現れる頻度が減ってくることもある。だがこれらはあくまでボーナスだ。それは脱フュージョンの副産物に過ぎず、目的ではない。脱フュージョンが不快な気持ちをコントロールする方法だと勘違いする人もいる。ネガティブ思考を脱フュージョンすることによって気分がよくなり、落ち着き、幸福を感じることがあるからだ。だがこれも幸運なボーナスであり、目的ではない。そしてこうしたことはいつも起こるとは限らない。脱フュージョンの目的は、あくまで「現在にあり、効果的な行動をする」ことなのだ。

保証しよう。もし脱フュージョンのテクニックをネガティブ思考を追い払ったりコントロールすることに使用するなら、最後は失望とフラストレーションが待っている。なぜかって？　第一に、それはうまく行かない。問題がそれほど大きくない場合は即効性のあるテクニックとして使えるかもしれないが、人生に関わるような重大時の場合、思うような効果は得られない。第二に、感情をコントロールしようとすると、再び自信のギャップにはまり込んでしまうからだ。そして、間違ったルールでゲームをすることになる。「何かを始める前に自信がなければならない」あるいは「理想とする人物のように振る舞うにはネガティブ思考を一掃し、恐れや不安を追い払わなければならない」などだ。

もう一度言っておこう。脱フュージョンの目的は私たちを今に集中させ、効果的な行動をさせることだ。ここから自信のゲームの三つめのルールが導き出せる。

ルール3
ネガティブ思考を持つのは正常なことだ。それと戦わず、脱フュージョンせよ。

■練習の力

前にも言ったがもう一度繰り返そう。人生を向上させるには決意の行動が必要だ。多くの場合、それは新しいスキルを身につけることだったり、古いやり方を改善することだ。そして何かに熟達するには練習が必要になる。これは心のスキルでも肉体的なスキルでも同じだ。練習なしにしっかりした脱フュージョンのスキルを身につけることはできない。そしてこのスキルは万人に必要なものだ。なぜなら理由づけの機械は誰もが持っているからだ。それが突然、あなたを勇気づけるチアリーダーや動機を強めてくれるグルになることはない。そして常に様々な「私にはできない」の物語をささやき続ける。さて、あなたはこの章の練習をやってみる気になっただろうか？

やって欲しいことはとてもシンプルだ。役に立たない思考に囚われた時、それを認めることだ。心の中でつぶやく。「あ、つかまったな！」そして自分が気に入ったテクニックを使ってそれを再生する。「私は〜という思考を持っている」のテクニック、歌うテクニック、変な声のテクニック、コンピュータ画面のテクニック……（覚えておいて欲しい、これらのテクニックは自転車の補助輪のようなものだ。思考をハッピーバースデーのメロディーで歌ったり、ホーマー・シンプソン〈アニメ「シンプソンズ」の主人公〉の声で言うのを一生続ける必要はない。最初に手をつけるには持ってこいのテクニックだが）。

とりあえず実験する気分でやってほしい。何も期待せずに、ただ興味をもって実験をすすめてほしい。何が起こったか、あるいは起こらなかったかに注目しよう。一晩で状況が変わる奇跡を期待してはいけない。もし大きな期待が湧き上がってきたら、そっと抜け出そう。次のように言ってみよう。「私はこのテクニックが魔法のようにすべての問題を解決してくれる、という思考を持っている」

時には自分で気づく前に数時間思考に囚われているということもある。心配する、くよくよ考え込む、過度に分析する、ストレスを感じる等だ。だがまったく問題ない。囚われていることに気づいた時点で静かに認めよう。「またつかまったな！」そしてあなたを最も強く捕えた思考を選び、好きなテクニックで再生する。

さて、あなたはやってみたいと思うだろうか？　一〇秒間心の声を聞いてみよう。

＊＊＊＊＊

心はこの瞬間何をしているだろう？　練習をする気満々だろうか？　それともやらない理由を次々吐き出すだろうか？　「そんなこと馬鹿馬鹿しい」「どうせうまくいかないさ」「あとでやるよ」「やる

気が起こらない」「私には関係ない」などなど。もし後者であっても驚くにはあたらない。心がそう言いたいなら、言わせておけばよい。そしてかまわず練習を行おう。もし自分が理由づけに囚われていることに気づいたら、すべきことは一つだ。「またつかまった!」と認め、再生を行う。

最初は少なくとも日に五回行うことをお勧めする。多ければ多いほどよい。しないなら、心が何と言って遠ざけたかに注意しよう。よくできた新しい理由を考えたか、それとも何年も前からの古びた理由を持ち出してきたか?

幸い、練習のための素材はたくさんある。なぜなら心というものは……。

第6章　言葉はひっきりなしに現れる

「毒を含んだ黒煙が街の上に漂っていた。それを見た人々は川に向かって走った。数千人がまるでネズミのように川に飛び込んだ。そして走るのが遅かった人々はハエのように地面に崩れ落ちた」

これはラジオドラマの一場面である。一九三八年一〇月三〇日、CBSラジオは火星人が地球を侵略するという内容のH・G・ウェルズの有名な小説『宇宙戦争（*The War of the Worlds*）』をドラマ化した番組を放送した。この一時間番組を執筆、監督、ナレーションしたのは新進気鋭の俳優、オーソン・ウェルズであった。番組の始まりから三分の二はニュース速報の形式をとっていた。〝レポーター〟は火星人の攻撃を〝現場からの生中継〟という形で伝えた。多くの視聴者が番組の冒頭を聴き逃したため、ラジオドラマだと分からなかった。彼らは〝臨時ニュース〟を聞き、本当に火星人が攻めてきたと考えたのだ。大規模なパニックが巻き起こった。

翌日、ニューヨーク・タイムズは伝えた。

「ニューアークでは、ヘドンテラスからホーソンアベニューまでの一街区で二〇以上の家族が毒ガス攻撃から逃れようと、濡らしたハンカチやタオルで顔を覆って家を飛び出した。家具を運び出そうとしている者もいた。ニューヨーク中で、多くの家族が家を離れた。近くの公園に避難した人もいた。数千人が現地だけでなく米国の他の都市やカナダの警察や新聞、ラジオ局に電話し、どうすれば襲撃から身を守れるか尋ねた」
番組がただの劇だということを知っていた視聴者は、ラジオから流れてくる言葉に何の影響も受けなかった。だが言葉を真に受けたものにとっては、それは恐怖だった。この話は前章での私の主張、「私たちの頭の中の言葉が問題なのではない。それに対する私たちの反応が問題なのだ」の格好のたとえである。私たちが言葉とフュージョンすれば、簡単に問題が引き起こされる。しかし脱フュージョンすれば何も起こらない（前章で紹介したテクニックを練習していれば、私の言っていることが分かるだろう）。

心はある意味でラジオのようなものだ。それがいつも何かしら言おうとしていることに気づいているだろうか？　何らかの意見、アイデア、予期、判断、批判、比較、そして不平。ちょうど一日中ラジオのトークショーを聴いているようなものだ。それは時々静かになる。だがすぐにおしゃべりを再開する。常にブツブツつぶやき続け、寝ている時でさえ放送をやめない。だが心とラジオとの類似点は、私たちをおしゃべりから切り離すシンプルな方法を可能にしてくれる。

■ラジオ・トリプルF

ここで、第1章の「〝人生をこう変える〟のリスト」（29頁）に立ち戻ろう（もし真の自信を持てたとしたら別の行動をする、というリストだ）。リストの中から一つを選び、数秒間、今日それを始めることを想像してみよう。どんなに小さな一歩でもかまわない。小説の出だしを書いてみる、前から気になっていたセミナーの申込書をダウンロードする、特別な人をデートに誘う時に何と言うかをリハーサルしてみる——今日あなたが最初の一歩を踏み出したところを想像してみよう。今すぐ三〇秒間やってみよう。

＊＊＊＊＊

さて、心は何と言っているだろう？　それは理由づけだろうか？「私にはできない」の物語だろうか？　もし心がとてもポジティブならば、それを楽しんでほしい。だがほとんどの読者は、心が役に立たないことをつぶやいているのに気づいただろう。

心が本当にラジオ局だったとしたらどうだろう？　それは、こんな感じになるかもしれない。「ようこそラジオ・トリプルＦ「Fear（恐れ）Flaws（欠陥）Failure（失敗）」へ。あなたが恐れるべきすべての情報があります！　最新の欠陥をすべてお知らせします。失敗についても二四時間体制で知らせます！　あなたのために一日中、毎日放送します！」

あなたの心がこんな状態なら、おめでとう！　あなたは正常な人間の心を持っている。もちろん心は常に陰気な内容を流し続けているわけではない。時にはとても役立つこともある。本書の後半で、それを有効に使う方法を説明する。ポジティブ思考ではなく〝有効な〟思考として。だが今は現実に向き合おう。心はネガティブに思考するように進化してきたのだ！　困難が大きく、身に迫ってくるほど、私たちはますますラジオ・トリプルＦに耳を傾ける。

どうやってここから抜け出すか？

最初のステップは、囚われていると認識することだ。次のステップでは、起こっていることに名前をつける。ユーモアのセンスは大いに助けになる。たとえば、「あれれ、ラジオ・トリプルＦが始まったよ」と言ってもよいし、単に「ラジオ・トリプルＦか」、もっとシンプルに「おっと、またつかまった」でもよい。

大抵の場合、この二つのステップで世界と接続し、今すべきことに集中するのに十分な脱フュージョンが行える。だが、もっと強力な脱フュージョンも可能だ。三つめのステップは、心がラジオで、思考はスピーカーから流れる声だと想像することだ。さらに、自分の思考を好きなニュースキャスターやスポーツコメンテーターの声で聞いてみることもできる（そして、何度も聞いた放送だな、と認めよう）。

さあ、さっそくやってみてはどうだろう？　第1章の「〝人生をこう変える〟のリスト」を思い出そう。自分が望む今までとは違った行動、今までと違うやり方でやってみたいこと、達成したい目標などなど。リストを見返して、あるいは第1章に戻って、自分の答えを思い出してほしい。そして今すぐ始められるものを一つ選ぼう。小さくてシンプルだが、目指したい方向に導いてくれる行動にしよう。

終わったら、二〇秒間心の声を聞いてみよう。

＊＊＊＊

心は何と言っただろうか？　それが助けになることなら、素晴らしい、すぐにはじめよう。助けにならない場合は次のテクニックを試してみよう。（a）心が言うことに気づこう。（b）それに名前をつけよう。〝ラジオ・トリプルFがきた〟。（c）自分の思考があたかもラジオから聞こえてくるように感じてみよう。

＊＊＊＊

さて何が起こっただろうか？　あまり役に立たなかったとしても大丈夫だ。脱フュージョンのテクニックはこれ以外にもたくさんある。次のことを踏まえて自分で作ってもかまわない。

■脱フュージョンの三つのステップ

すべての脱フュージョンのテクニックは、次のステップのうち少なくとも一つを含んでいる。

1．思考に気づく
2．思考に名前をつける
3．思考を中和する

それぞれのステップをざっと見ていこう。

●1．思考に気づく

思考に気づくことは常に脱フュージョンの最初のステップであり、それだけで目的が果たせる場合も多い。ちょっと立ち止まって心が考えていることに気づく。するとあなたとあなたの思考の間にわずかな空間ができる。それだけでも思考は影響力をいくぶんか失う。

●2．思考に名前をつける

思考に名前をつけるのは脱フュージョンの大きな助けになる。方法はたくさんある。前の章で二つのテクニックを試した。「おっと、理由づけが起こったぞ！」とか、「また、〝私には無理だの物語〟か」あるいは「私は今～という思考を持っている」など。特定の思考パターンに名前をつけて心の中でつぶやく。たとえば、自分が心配しているのに気づいた場合、「また心配が現れた」と言えばよい。最悪を想像していることに気づいたら、「最悪を想像しているな」、ネガティブな自己評価に囚われたら、「また評価しているな」でもよい。

ユーモアのセンスを持ち込めばもっと効果的だ。分かってるよ、という笑顔をおくり、了解のウィンクをしながら「またつかまっちゃった！」と言おう。

思考に名前をつける際、メタファーを使ってもよい。心が独裁者のようにふるまい、あなたを小突き回すようなら、自分にこう言おう。「また独裁者が来やがった」、心がひどく悲観的なら、「また〝ミスター悲観〟が登場したぞ」と言おう。

●3．思考を中和する

これは任意のステップで、莫大な想像力に居場所を与えてやる方法だ。私は〝中和する〟という言葉を、思考を新しいコンテクスト、それらをあるがままの姿で見ることができるコンテクストにはめ込む、という意味で使っている。思考は単なるイメージや言葉であり、戦ったり固執したり逃げたりする必要はまったくない、と感じられるようにするのだ。

前の章で、いくつか別の方法でこれを試みている。声を出さずに思考を歌ってみる、変声で思考を聞いてみる、コンピュータ画面に書いてみる、等だ。この章では思考をラジオ放送にするのを想像した。だが方法はあと数百はないにしても数十はある。あなたの創造力を刺激する方法をいくつか紹介しよう。これらを使っていろいろ試してみよう。どのくらい効き目があるか試して、自分独自のやり方を作ってもよい。

思考をバースデーカードのセリフにしてみる。Tシャツのスローガンでも、壁の落書きでもよい。思考をキーキー声か、外国人のアクセントで言ってみる、あるいは好きなメロディーで歌ってみる。それらを書き出しても、描いても、絵にしてもよい。キャンバスに描いている自分を想像するのもよい。思考を映画のクレジットにしてスクリーンにせり上がってくるのを想像するのもよい（スターウォーズの映画のように宙を漂わせるのも面白い）。あるいは雲に描いてそれが空を流れていくのを見たり、スーツケースに貼りつけてベルトコンベアに載っているのを想像してもよい。俳優があなたの思考を台本として読んでいるのを想像する。あるいはテキストメッセージ、Eメール、ネットのポップアップとして見るのもありだろう。

ステップ2で出てきた独裁者やミスター悲観のようなメタファーをもっと推し進めてもよい。たとえば独裁者が狂信的な支持者の観衆の前で、あなたの思考を声に出してスピーチしているのを想像したり、漫画の中にミスター悲観を登場させて、吹出しの中であなたの思考を言わせるのも面白い。要は、思考から距離をとり、それが単なる心の中の出来事、言葉の羅列、イメージであり、一時的ですぐ変化するものであることを理解する助けになれば何でもよいのだ。

■練習

脱フュージョンは一日を通して行うことをお勧めする。思考から逃れることがどんどんうまくなるからだ。覚えておいてほしい、何かに熟達したい場合、練習は必要不可欠だ。さて、これらの超迅速な脱フュージョンのエクササイズに加え、すこし長いバージョンも紹介しよう。これもスティーブン・ヘイズによって考案された、〝川を流れていく葉っぱ〟のテクニックと言われるものだ。理想的には一日一回から二回、五分から一〇分、もっとできればなおよい。多くの人々は昼休みに五〜一〇分、人によっては一五分行い、とてもうまくいくと感じている。朝、ベッドから出て一番にする人もいる。この説明部分を少なくとも二回は読んでから試してほしい。

■川を流れていく葉っぱのテクニック

注意：もしあなたが物事を視覚化するのが困難であれば（つまりイメージや映像を想像するのが難しければ）このエクササイズを修正しよう。読み進めればやり方はわかる。

1. 椅子に座る、横になるなど楽な姿勢をとり、目を閉じるか一点を見つめる。
2. 優しく流れる川を想像する。
3. 水面を木の葉が流れていくのを想像する。
4. 五分間、頭に浮かんでくる思考を取り上げる。それがイメージだろうと言葉だろうと、葉っぱの上に載せ、川に流す。
5. 視覚化するのが困難な場合、望む流れが浮かんでこない場合は、代わりに黒い空間が広がっているのを想像する。優しい風が吹いている。頭に浮かぶ考えを取り上げ、風の中に放し、暗黒の空間に漂わせる。ベルトコンベアのような黒い流れを想像し、その上に思考を載せてもよい。
6. 幸福な思考、悲しい思考、ポジティブなもの、ネガティブなもの、楽観的、悲観的を問わず、一つ一つの思考を流してみよう。自分に、幸福、ポジティブ、楽観などの思考にしがみつく傾向があることに気づくかもしれない。もしそうなら、このエクササイズの目的は思考から自由になる能力、思考を手放せる能力を得ることだと思い出してほしい。これを身につけたいなら、浮かんでくるすべての思考、心地よいもの不快なもの、助けになるものならないものに対し、分け隔てなく行う必要がある（生涯続ける必要はない。このエクササイズをしている間だけだ）。
7. 目的は思考を追い払うことではなく、一歩下がって自然な流れを見ることだ（あなたが流れの速度を速めてすべての思考を流そうとするなら、それは目的から外れている）。
8. 思考が止まった時は、ただ単に流れ（あるいは暗闇）を見つめよう。再び思考が現れるまで長くはかからない。
9. 心が「こんなこと馬鹿馬鹿しい」「難しすぎるよ」あるいは「私には無理だ」という場合、それらの思考も木の葉に載せて流そう。

10. エクササイズを始めたばかりの頃、多くの人は「自分のやり方は正しくない」「流れが速すぎる」「流れが自分の望む感じにならない」等の思いに囚われる。こうした思考に囚われたのに気づいた時は、静かにエクササイズを再開し、その思いも木の葉に載せよう。

11. 木の葉、つまり思考が流れず立ち往生してしまった場合、そのままにしておこう。抵抗してはいけない。思考は時には留まることがあるが、結局は流れていく。

12. 退屈、フラストレーション、焦り、不安などの不快な感情が現れたら、それを認めよう。心の中でつぶやこう。「退屈に気がついた」「フラストレーションが来たぞ」。そしてそれらを木の葉に載せよう。

13. 時には思考につかまり、エクササイズから引き離されることがある。休暇の過ごし方や、やるべきことのリストを考えたり、最近パートナーと言い争ったことを蒸し返したり、昨晩見た映画や子供の頃に川の流れで遊んだことを思い出したりするかもしれない。これも自然な現象だ。心は私たちをつかまえることにかけてはエキスパートだ。囚われたことに気づいたら、穏やかに認めればよい。「つかまったな」。そしてもう一度エクササイズを始めよう。

説明を何度も読み返し、やり方を理解してから実行してほしい。最初の挑戦は五分くらいが適当だろう。だがもっと長くても短くてもかまわない。

＊＊＊＊＊

結果はどうだっただろうか？（あなたはやってみただろうか、それとも理由づけの機械が勝っただろうか？）。エクササイズのあいだ何度も思考に囚われ、中断させられただろうか？　それもまったく正常な反応で、予想されることだ。心は非常にクリエイティブで、邪魔する手立てをたくさん持っている。しかもこれに限らず、すべてのエクササイズに対して！　だが、思考に囚われていることに気づき、それを手放すたびに、あなたは価値あるスキルを磨いているのだ。

このエクササイズに対する人々の反応は様々だ。大好きだと言う人もいれば嫌いな人もいる。大抵はその中間だ。私も最初は好きではなかったが、毎日続けているうちに二週間ほどして楽しめるようになってきた。クライアントの多くもそうだ。なので辛抱強く取り組んでほしい。少なくとも一、二週間くらいは。では、この練習はあなたの自信にどう影響するのか？　それについて考えてみよう。

■想像してみよう

あなたはやり遂げた。思い切って飛んだ。自分のコンフォートゾーンを抜け出して困難な状況に飛び込んだのだ。あなたは今、皆の前でスピーチをする、あの人をデートに誘う、あるいは本の最初の一行を書いてみるところだ。あなたはパーティーで人々と交わっている、ゲームのスタートの笛を待っている、あるいはあのドアに入って大事な面接を受けるのを待っている。

ここで、闘争・逃走反応が沸き起こる。あなたの心はきりもみ状態に陥る。大失敗を予想しているか、お前の手には負えないよ、とささやいているのかもしれない。単にプレッシャーをかけているか、危険なこと、うまくいかないことを警告しているのかもしれない。だがこれも、大した問題ではない。こうした思考はただ流れていく。ちょうど流れの上の葉のように。挑戦したり黙らせる必要はないのだ。ちょうど家の前を走る車のように、それが現れ去っていくに任せればよい。

思考と戦ったり、言い争ったり、抑圧しようとしなければ、自分のエネルギーを効果的な行動に振り向けることができる。思考に絡めとられなければ、何であろうと自分が今している行動に集中できる。

もちろん困難な状況のさなかで川を流れていく葉っぱのテクニックを使ったりはできない。そんなことをしたら効果的な行動はできない。葉っぱのテクニックはあくまで脱フュージョンがうまくなるためのトレーニングだ。スキルを習得してしまえば、困難な状況でこうしたテクニックに頼ることなく、思考から自然に脱フュージョンできるようになる。

第1章で紹介したダンサーのサラを思い出してほしい。オーディションに参加するたび、彼女は失敗するのではないかと不安に苛まれ、自分の行動に集中できなかった。その結果、彼女はうまく踊れず不合格になった。いわゆる自己実現的予言である。だが、川を流れていく葉っぱのテクニックを毎日二〇分練習するようになってすぐ、彼女は大きな変化に気づいた。オーディションの際、心は相変わらず失敗の思考を生み出したが、それに囚われることなく、現れ、去っていくにまかせることができるようになった。彼女はダンスの型に集中し、ずっとうまく踊れるようになった。このテクニックは彼女の自信の助けになっただろうか？　もちろんなった！

ここで二〇秒間、心のささやきに耳を傾けよう。

＊＊＊＊

理由づけの機械は作動しているだろうか？　ラジオ・トリプルFは放送を続けているだろうか？　心は「私にはできない」の物語をささやいているか？　そうだとしても驚くことはない。心に礼を言って先を読み続けよう。

心がポジティブで乗り気であればそのまま行こう。心は諸刃の剣だということを忘れないでほしい。それは時に役に立つ思考を生み出すが、時に正反対のことをする。二つを同時に行うことさえある。心が助けになってくれる時にはそれを享受しよう。だがそれに頼ってはいけない。心はちょうど風のように向きを変える。そして特に注意すべきなのは……。

第7章　自尊心の罠

一九二九年のウォール街大暴落の時、破産したビジネスマンたちがビルの屋上から飛び降りた。二〇〇九年、マイケルはまさに彼らと同じ気持ちだった。

ほんの一年前まで、マイケルは莫大な利益を上げている企業の取締役だった。だが世界的な金融危機で彼のビジネスはダメになり、マイケルは莫大な損失とともに売却を余儀なくされた。

彼の状況はまさに悲惨だった。惨めで何の望みもなく、打ちのめされていた。一年前の気持ちとは大違いだった。順風満帆、絶好調の時は自分は勝ち組だと信じていた。彼は有頂天だった。だが今や流れは変わってしまった。彼の心は〝お前は負け犬だ〟とささやいていた。当然、気分は最悪だった。マイケルは〝自尊心の罠〟にはまり込んでもがいていた。

■罠に落ちる

社会は時に私たちに、勝ち組と負け組、成功した者と失敗した者、チャンピオンと落ちこぼれ、という視点を持つよう迫る。「勝者のように考えろ！」「成功者たれ」「勝者は皆これをする！」そして「これをする人は負け犬」などなど、様々な本や記事、そして専門家の御託宣が巷に溢れている。

自分は勝者だ、チャンピオンだ、成功者だという物語に囚われると、短期間には恩恵がある。しばらくはいい気分に浸れるだろう（特に自分を〝負け組〟〝失敗した者〟あるいは〝脱落者〟と比較する場合は）。だがそうした気持ちはどのくらい続くだろうか？　心が自分以上に多くを得て、より成功している誰かを見つけ出すまでどのくらいかかるだろうか？

心が誰かと自分の比較をはじめたら何が起こるか？　ご想像通り、心は今度は私たちを負け犬、失敗した者呼ばわりするのだ。

〝脆弱な自尊心〟という言葉を聞いたことがあるだろう。これは〝成功した〟専門家やスポーツ選手の間に蔓延《はびこ》っているものだ。自分の目標に達している場合、彼らは〝自分は勝者〟の物語を握りしめ、いい気分でいられる。だが成績が下がってくると――それは避けがたいことだ――〝私は負け犬〟の物語にすり替わる。そして彼らが自己評価の習慣にしがみついていると、〝私は負け犬〟のブラックホールに引き寄せられてしまう。

〝勝者・敗者〟の思考法は本質的な問題を抱えている。それは負け犬、敗者になることへの恐怖を原動力とした、結果への強い執着を生む。これは彼らを、慢性的なストレスと能力への不安、燃え尽きなどに引き込む。

そして次の点も考慮して欲しい。〝私は勝者〟の物語を長い間握りしめていると、他者との関係はどうなるだろうか？　あなたは今までポジティブな自己評価に囚われた人と、オープンで、尊敬と平等感に基づいた関係を築こうとしたことがあるだろうか？　〝俺は成功者〟〝私はチャンピオン〟あるいは〝自分は勝者だ〟という考えとフュージョンしている誰かと？

私たちは、自分への評価を真剣に捉えすぎて自分が誰よりも素晴らしいと考えているロックスターや映画スター、スーパーモデルの話をいつも耳にする。彼らの自己愛、自己中心的な行動がどれほどの緊張とストレスを生み出すかも知っている。彼らと、インタビューで次のように言ったネルソン・マンデラを比べてみよう。「神のように崇められるのは私が恐れることの一つだった。そうなったらもはや人間ではないからだ。私はネルソン・マンデラとして記憶されたかった。弱点――そのいくつかは人間としての基本である――を持った一人の人間として」。

■自尊心の神話

自尊心の業界は繁盛している。彼らは、私たちにその商品の重要性を信じ込ませることにかけては素晴らしい手腕を発揮する。かつては心理学者だけが使っていた用語、〝自尊心（self-esteem)〟は今や一家に一つの言葉である。両親、教師、セラピスト、そしてコーチまでも自尊心の有効性を説いている。だが高い自尊心には評価に見合った価値があるだろうか？ 私たちを幸福で健康にし、より多くの成功をもたらしてくれるだろうか？ 私たちはずっと、巧みなセールストークに騙され続けて来たのではないだろうか？

まず、〝高い自尊心〟というものを定義しておこう。なぜならそれにはいくつかの解釈があるからだ。現在もっとも一般的な意味は、〝自分をポジティブに評価する〟というものだ。言い換えれば、ポジティブな自己評価をし、それを信じることだ（これはしばしば自己の尊重、評価、承認と表現される)。この一般的な意味を踏まえて、以下のクイズにホント・ウソで答えてみよう。

●自尊心を向上させることは能力を高める
●高い自尊心を持つ人々は人に好かれやすく、よりよい人間関係を築き、他人に良い印象を与える
●自尊心の高い人はよいリーダーになる

答えを明らかにする前に、二〇〇三年に時間を巻き戻そう。この年、米国心理学会は〝自尊心に関

する特別委員会〟を設立し、上記の質問（そして他の類似の主張）が事実かどうかを検証した。トップクラスの大学の四人の心理学者、ロイ・バウマイスター、ジェニファー・キャンベル、ヨアキム・クルーガー、キャスリーン・ヴォースのチームは、自尊心についての数十年間分の研究論文を体系的に読み進めた。そして世に浸透しているこれらの考えについての科学的証拠を、肯定・否定の両方を精力的に探し続け、その結果を権威ある学会誌、サイコロジカル・サイエンス・イン・ザ・パブリック・インタレストに発表した。結果はどうだったか？　三つの質問はすべて間違いだったのだ！

さらに彼らは次のような発見をした。

●高い自尊心はエゴイズム、自己愛、傲慢と関連している
●偏見、差別とも関連している
●自尊心が高いと、率直な意見に対して防衛的、自己欺瞞的になる。

この情報だけでも残念すぎるが、第3章で紹介した研究結果も思い起こしてみよう。自尊心が低い人がポジティブアファメーションを使ってそれを向上させようとすると、一般的にはさらに気分が悪化するのだ！

では、自尊心を引き上げることに意味がないとすると、一体何をすればよいのか？

■セルフ・アクセプタンス（自己受容）

セルフ・アクセプタンス（自己受容）、セルフ・アウェアネス（自己意識）、セルフ・モチベーション（自発性）などは自尊心よりはるかに重要だ（ここでは自己受容について語り、他のものは後の章

で扱う）。

セルフ・アクセプタンス（自己受容）はなぜそんなに重要なのだろうか？　私たちがコンフォートゾーンを出た時、物事が必ずしも望む通りになるとは限らない。時にはミスを犯し、メチャクチャになる。予期しない時に問題が起こる。目的をあっさり達成してしまうこともあるが、惨めな失敗となることもある。どんなに才能があろうと身を捧げようと、これが人生の真実だ。史上最高のバスケットボール選手とされているマイケル・ジョーダンがよい見本だ。彼は言う。「俺は生涯で九〇〇〇回以上のショットをミスしている。負け試合はほとんど三〇〇に近い。決勝シュートは二六回外した。俺は人生で何度も何度も、繰り返し失敗してるんだ。だから成功したのさ」。

知性のレベルではすぐに同意できる。「そうだ、まったくその通りだ。失敗は学びの重要なプロセスだ」というのはたやすい。だが実際それが起こると、つまり本当に失敗してしまうと、心は同意してくれない。こんな時、心は私たちをボロクソに言うように〝初期設定〟されている。棍棒を取り出して私たちを打ちすえるのだ。

究極の質問をしよう。自分を散々に打つのが行動を変えるためのよい方法だとしたら、あなたは今パーフェクトな存在になっているはずではないか？　心が今まであなたの人生に加えてきた折檻、鞭打ちを思い出してみよう。それらは役に立っただろうか？　それとも単に気分が悪くなっただけか？それが一時的にやる気を引き出したとしても、あなたのコミットメント（決意）は長いこと続いたか？

〝失敗〟の罰として自分を鞭打つことはたいてい時間の無駄に終わる。それは私たちの強さとバイタリティーを奪い、経験から学び成長することを困難にする。それよりも、力を与えてくれるのは〝セルフ・アクセプタンス（自己受容）〟だ。つまり、すべての自己評価を手放すことである。

先に進む前に、ここで一〇秒間心の声を聞いてみよう。

＊＊＊＊＊

心は反対・反論しただろうか？　小躍りして喜んだだろうか？　私の主張の欠点を上げつらっただろうか？　それとも賛成しただろうか？　これらの考え方に不平をこぼしたか？　この部分を飛ばして先に進むよう言ったか？　それとも黙り込んだか？　それらはすべて正常な反応だ。心に感謝して先に進もう。

〝すべての自己評価を手放す〟という言葉に戻ろう。私たちがミスを犯した時、物事がうまくいかない時、行動をチェックし、したこととその結果を検討する。これは自信のサイクルの三つめのステップ〝結果を評価する〟だ。自分のしたことを正直によく見つめる。そして〝有効性〟の見地から評価する（有効性は次の質問で判定できることを思い出してほしい。〝今していることは人生を豊かで幸福にしてくれるだろうか？〟）。これは自分自身を評価するのとはまったく違う。行動を評価するのは有効だが、自分を評価するのは有効ではない。

以下は二つの例の区別だ。

●行動を評価する：「投げる時に心配の感情が起こるとボールへの集中がなくなり、投げ方が雑になってバスケットゴールを外してしまう」

●自分を評価する：「私はダメなバスケットボール選手だ」

つまり、セルフ・アクセプタンス（自己受容）は自分の行動や、それが与える影響に注意を払わないということではない。単にすべての自己評価をやり過ごすということだ。その理由は？　自己を評価することは何の助けにもならないからだ。それはより豊かで満ち足りた人生にはつながらない。

もちろん頭でわかっていてもそれは止められない。心は幼児の時から私たちを評価し始める。このパターンは突然止まるものではない。私たちにできるのは自己評価を手放すことだけだ。今からそれを始めよう。

ネガティブ・ポジティブを問わず、すべての自己評価から離れる練習をしよう。それらを川に浮かぶ葉っぱのように流してやろう。心が、あなたがいかに不完全か説いてきたらそれに気づき、名前を呼ぼう。「判断だな」。あなたがどんなに素晴らしいかを言ったら、気づき、言おう。「判断だ」（大事なのは、それがポジティブでもネガティブでも、自己評価を握りしめないということだ。すべての評価を手放すのだ）。

また、名前づけに遊び心を入れても構わない。たとえばポジティブな自己評価に気づいたら「愛すべきお世辞だな、ありがとう心」。ネガティブなものが現れたら「おお！〝僕はダメな奴〟の物語か。ありがとう心」。

■自己評価を手放す

ネルソン・マンデラの伝記はネルソン・マンデラそのものだろうか？　明らかに違う。それは言葉と写真の羅列でしかない。そしてその言葉がどんなに事実でもあるいは間違っていても、そしてその写真のクオリティーがどんなに良くても、生身の人間である彼の豊かさ、激しさには遠く及ばない（もし疑うなら考えて欲しい、自分にとってのヒーローに会うのと、本を読むのではどちらが意味深いだろう？）。

同じ理屈はあなたの自己評価と自己描写にも言える。あなたの伝記はあなたではない。心がどんなにあなたを賛美しようと、ボロクソに批判しようと、言葉はあくまで言葉だ。そして、あなたも分かっているように、ACTでは言葉が事実かどうかはあまり問題にしない。大事なのはそれが役に立つかどうかだ。その言葉を行動の指針にしたら、人生は豊かで満ち足りたものになるだろうか？

あなたの心が私の心とそう違わないなら、自己評価とは風のように気まぐれだということに気づいているだろう。ある日、心は私を素晴らしい父親、良き夫、優れた講演者だと言い、別の日には、お前はひどい父親で、自分勝手な夫で、使えない講演者だとののしる。ある時は私を良い作家だと賛美したかと思えば、次はお前の書くものはすべてゴミだと言ったりする。大事なのは、ポジティブ、ネガティブ、どちらの物語にも囚われないことだ。「私は素晴らしい」「私は哀れだ」「俺は勝者だ」「自分は負け犬だ」「成功者だ」「失敗者だ」。心が何と言おうと、それらをありのままに見よう。それは単なる物語だ。

人生でもっとも大切なのは何をするか、何を支持するか、どう行動するかだ。これはあなたが信じる自分についての物語などよりはるかに重要だ。疑いを持つなら、自分の葬式を想像してみよう。人々がこう言っているのを聞きたいだろうか。「あいつの尊敬すべきところは助けが必要な時、いつもそこに居てくれたことさ。いつも勇気づけてくれ、手を貸してくれたよ。あいつには本当に刺激された。本当に最高の手本だった」。それともこう言われたいか？「彼がすごかったのは、本当に自信家だったことだ」。

文筆家のマーガレット・フォンティーの言葉を引用すると「長年かけて学んだ大事なことは、自分の仕事に注目するか、自分自身に注目するかの違いだ。前者は必要だが、後者は破滅的だ」。

■非難する

私たちはあまりにも素早く他者を判断する。彼らに〝すぐ投げ出す〟〝負け犬〟〝失敗者〟のレッテルを貼る。自分に厳しい判断を下すことをやめたいなら、他者に対してもやめるべきだ。同胞を批判し、彼らを弱者、劣る存在と見なすほど、厳しい批判思考の習慣が定着してしまう。そして遅かれ早かれ、心はこうした批判の矛先を自分に向ける。

投げ出す人も、負け犬も、失敗者もいないと思えれば、人生はより楽になる。存在しているのはあなたや私のような、時には投げ出し、時には負け、時には失敗する人間たちなのだ。同様に、勝者、チャンピオン、成功者もいない。いるのはあなたや私のような、人生の特定の分野で時に勝ち、時に大成功を収める人間たちだ。

タイガー・ウッズはよい見本だ。彼は長年、チャンピオンの中のチャンピオンとして偶像化されていた。世界最高のゴルファーというだけでなく、歴史上初めて一〇億ドル以上を稼いだスポーツ選手として。だが二〇〇九年一一月、彼の婚外のセックスパートナーの長いリストが発表され、世界中のメディアの一面を飾ってしまった。その結果、ゴルフにかけては大きな成功を収めたものの、妻との信頼に満ちた、尊敬すべき関係に関しては、彼は惨めに失敗してしまった。

心は反論するかもしれない。「そうは言うけど他の奴らは僕より成功しているよ」。あるいは「私は他の誰よりもたくさん失敗している」。もしそう思ったなら、有効性の質問に戻って欲しい。「こうした思考にしがみついていることは、自分がなりたい人間になり、したいことをする助けになるだろうか?」

私はこの章の冒頭で話したビジネスマンのマイケルに、このことを納得させようとした。以下はその時の会話だ。

マイケル：でも実際、僕は負け犬なんだよ！
ラス：マイケル、私は君の思考が事実かそうでないかを議論するつもりは毛頭ない。君に状況を理解してもらいたいだけなんだ。君の心は君を負け犬と呼び続けている、そうだね？
マイケル：まあ一日に一万回くらいだけどね。
ラス：正直に言うと私は、君の心にそれを止めさせる方法は知らない。心がやっていることだからね。心は私たちを判断し批判するのがものすごくうまい。
マイケル：まあ、僕の場合はその通りだから。
ラス：重ねて言うがこの件に関して君と議論はしない。会社が潰れたのは君の責任ではない、自分にそんなに厳しく当たるな、そんな風に言ってくれた友人や同僚はたくさんいただろう。でもそれを聞いても何も変わらなかったのではないかな？　君の心は今だに言い続けている、お前が悪いんだ、お前は負け犬だ、お前がすべてをダメにしたんだ。
マイケル：その通りだよ。だって事実だからね！
ラス：大事なことだからよく聞いてくれ。君がそれらの思考にしがみつき浸り切っていて、何かメリットがあるかい？　状況を改善し、もう一度やり直して人生を立て直す助けになるかね？　それはただ君を行き詰まらせ、希望のない状況につなぎ留めているだけじゃないのか？
マイケル：（長い沈黙のあと）希望のない行き詰まり……。
ラス：だから今度心が君を判断したら、囚われる前に放っておいたらどうかな？　これができればかなり役に立つと思うけれど。
マイケル：分かった、やってみるよ。

そして私はこの章で紹介したテクニックをマイケルに教え、毎日何回か練習するように言った。特に思考に気づき、それに名前をつけることは是非やるように言った。〝ラジオ・トリプルFが現れた〟〝また例の負け犬の物語か。ありがとう心〟のような。そして思考を、流れに浮かぶ葉っぱのように、来て去るがままにすることも。三週間後、再びマイケルに会った時、彼は練習を熱心に続けていること、そしてセルフ・アクセプタンス（自己受容）の感覚が大きく進歩したことを報告してくれた。負け犬であるという思考は依然として現れる。しかし以前ほど悩まされることはなくなった。そしてそれを現れるがまま、去るがままにすることがとても簡単になったという。マイケルのエピソードは、自己評価はそれ自体では問題ではないということを再認識させてくれる。私たちがそれとフュージョンした時のみ問題になるのだ。

注意：これは「私は自分を完全に受け入れる」などのポジティブアファメーションとはまるっきり異なる手法だ。繰り返しになるが、第3章で紹介した自己評価についての研究を思い出そう。自尊心の低い人が自己受容のアファメーションを行うと、気分がさらに落ち込んでしまう。アファメーションは彼らを、自分の中の受け入れがたい事柄に集中させてしまうのだ。

このアプローチは私たちに自信のゲームのさらなるルールを教えてくれる。

ルール4
セルフ・アクセプタンス（自己受容）は自尊心に勝る。

■心の罠は数限りなく存在する

ここまで、最も一般的な心の罠を見てきた。困難についてくよくよ悩む、厳しく自己評価する、他者と比較する、失敗や不幸を予期する、等。だが本当はそれだけではない。三つほど挙げると、完全主義、インポスター症候群、過去の失敗を蒸し返す、などだ。

完全主義は、「完璧に仕上げなければならない」「失敗してはならない」「一回目で成功させなければならない」「うまくできないならやる意味はない」といった考え方に翻弄されることだ。こうした思考は不幸への処方箋だ。失敗するかも、という恐怖は私たちを新しい挑戦から遠ざける。あるいは高い目標がもたらす慢性的なストレスに悩まされる、自分への期待が高すぎ、常に不満と失望に苛まれる、等が起こる。

インポスター症候群は、能力があるにもかかわらず自分は無能だと信じることだ。自分はうまく成し遂げられない、今のところ何とかやれているがそのうち化けの皮が剝がれ、偽物、ペテン師、詐欺師であることがバレてしまう。こうした思考を信じれば、自信は根底から揺さぶられる。

もう一つ、自信を弱める確実な方法は、過去の失敗を思い出し、思い悩むことだ。これはあなたを〝理由づけ〟に導く。「今までうまくいったためしがないのにもう一度やるなんて馬鹿げてる」「最後の二回は失敗だった、今回だって同じじゃないか？」。助けにならない思考は他にもあるが、これ以上羅列する必要もないだろう。対処の方法はいつも同じだからだ。それは〝思考の罠にはまってやりたいことができないなら、その思考に気づき、名前をつけ、無力化すること〟だ。だが、あなたはこう思うかもしれない。「分かったけど、その後は？　罠から逃れたあと何をすればいい？」。いい質問だ。

第8章 〝集中〟のルール

耳に綿を一杯に詰めた状態で好きな音楽を聴いているのを想像してみよう。あるいは濃いサングラスをかけてお気に入りの映画を見るのでも、歯医者に行って舌が半分麻痺した状態で好きな料理を食べる、厚いウールのジャケットを着て背中をマッサージしてもらう等でもよい。

私たちが思考に囚われながら世界を経験しようとするのもこれと同じことだ。第5章でやった〝もし両手が自分の思考だったら〟（92頁）のエクササイズを覚えているだろうか？ 手が目を覆っている（フュージョンしている）状態では、周りの世界は失われている。だが手をどけると（脱フュージョン）周りの世界に焦点が合う。多くのものがはっきりと見え、それを経験できる。

人生を最大限に生きたいなら、常に現在に生きる必要がある。今起きていることに気づき、注意を払い、集中するのだ。これには〝集中〟というマインドフルネスのスキルが関わってくる。見えるもの、聞こえるもの、味わえるもの、匂いなどに気づくことで世界とつながるのだ。

〝もし両手が自分の思考だったら〟のエクササイズは、脱フュージョンと集中がどのように関連しているかを示してくれる。思考から脱フュージョンすると、世界とつながり集中することができる。より多くを感じ、現在を味わうことができる。同様に、今・ここに存在し集中できれば、私たちは自然に思考から脱フュージョンできる。だがそれが自信とどのように関係するのだろうか？

■集中の力

素晴らしいセックス、素晴らしい会話、素晴らしいゴルフをしたければ、あるいは素晴らしい文章を書く、うまく歌をうたう、うまく走る、効果的に話す（交渉する、競争する）などを望むなら、心理学的に現在に存在している必要がある。目の前で起こっていることに集中するのだ。

あなたがテニスをしているとしよう。ボールに注意を向けるかわりに、頭の中の思考に集中してしまう。「ラケットの持ち方はこれでいいんだっけ？」「足はこのポジションでいいのかな？」「うわ、あのボールやけに速いな」。ボールではなく思考に集中したら、試合はどんなものになるだろう？おそらく惨憺たるものだろう。よいプレーをしたければ注意をボールに向けるべきなのだ。

誰かと愛を交わしているとしよう。だがあなたの注意はパートナーではなく思考に行ってしまう。「うまくいってるかな？」「これ以上持ちそうにないな」「彼女は楽しんでいるだろうか？」「彼は私の体のことをどう思ったかな？」。思考につかまった状態では満足のいく体験にはならないだろう。特に心があなたの行為についてひっきりなしにコメントを続けている場合には。体験を楽しみたいなら行為に集中する必要がある。悦楽の感覚を味わい、パートナーの反応に注意し、体の温かみや摩擦に気づき、思考は空に浮かぶ雲のように、流れていくにまかせよう。

大事な面接のさなか、面接官の前に座るあなたは、彼らに集中しなければならない。彼らの一言一言や、自分の発言に対する反応に注意を向ける。「しまった、あんなこと言わなきゃよかった」「まずい、これは望んだ展開じゃない」「こういう答えを聞きたいのかな？」「彼女の表情がよくないな」。頭の中のコメントに気を取られるほど、現実に集中するのが難しくなり、能力も下がってしまう。

第1章で二八歳の科学者クレオの話をした。彼女は、もっと自信があればより多くの友達に囲まれ、皆と仲良くし、誠実で温かく魅力的にふるまえるのにと考えていた。人付き合いがとてもストレスで、心を閉ざし、黙りこくってしまうのだという。理由はいくつかあるが、主なものは以下だ。彼女は、話している相手に注意を向ける代わりに、次のような思考に囚われてしまう。「私って退屈」「この話題について何も知らない」「この人に気に入られるといいけど」「言うことが何もない」。こうした思考に絡めとられているせいで話題を追い、会話に参加するのが難しくなる。もちろん楽しむことなどできない。人とうまく交流したければ、相手とつながり集中するために、まず相手に注意を向け、発言や表情、ボディーランゲージに注目しなければならないことを彼女はすっかり忘れていた。

私たちが、あの人は自信に溢れている、という時、彼が考え感じていることは私たちには分からない。だが彼のしていること、行動は観察できる。自信のある人々というのは現在の行動に集中しているものだ。人と交わっている時、彼らは会話に集中している。スポーツをしているときはゲームに没頭している。レポートを書いているときはその仕事に浸り切っている。私たちが自信の感情や自信の行動と言う時、主な役割を担うのは、集中することだ。

ここに挙げた中で、ネガティブ思考を持つことが問題になったケースはないことに気づいて欲しい。問題は常に〝現在の体験に集中していない〟ことなのだ。私たちが常に今していることに注意を向け、課題に集中していれば、心が何を言おうと関係ない。心につかまった時だけ、思考は問題を起こす。思考が現れ去るままにしておけば、私たちはもっと重要なことに集中できる。

ここで再び二〇秒間、心の声を聞いてみよう。

＊＊＊＊

さて、心は乗り気で協力的だろうか？　それとも何となく聞いているだけだろうか？　沈黙を貫いている？　それとも山ほどの質問と反論を抱え込んでいる？　以下はよく見られる不安だ。

Q．思考はとても役に立つものだ。すべての思考を手放せと言っている訳ではないんだよね？

A．もちろんだ。その思考が役に立つものである場合だが。私たちがもっと機能できる、力を発揮できる、よりよい人生を送れる情報を含んだものなら、行動に影響を与えたとしてもなんら問題はない。しかし前述の例では、思考は明らかに助けになっていない。なのでそれを手放すのは理にかなっている。

Q．しかしそもそも私がネガティブ思考をしなかったら、何の問題も起こらないんじゃないか？

A．確かにそうだ。そして恐らくあなたもそれを試したと思う。しかしうまくいかなかった。そうだろう？　挑戦を続けたいならそれも構わないが、忘れないでほしい、人生を通して修行をしてきた禅の導師であってもネガティブ思考を追いやることはできないのだ。

Q．でも困難な状況にいる時、思考に構わないでおくのは難しい。もっと簡単な方法はないのか？

A．自転車に乗るのでも、車の運転でも、ペンを使うのでも最初はとても大変だった。たとえば私が「四三歳になって自転車の乗り方を覚えるのはひどく難しい。私にはバランス感覚がないようだ。グラグラよろめいて落っこちそうだ。こんなに大変だとは思わなかった。もうやめたいよ」と言ったら、あなたはどんな助言をするだろうか？

「そう、それはひどく骨が折れるよ、ラス。やめた方がいいかもね」

「ラス、苦労して自転車の練習をする必要はないよ。自転車の乗り方の本を読めばいいじゃないか。そうすれば自転車に乗れるようになるよ」

「ラス、そりゃ最初は大変だよ。だが練習し続ければ簡単になっていくよ」

マインドフルネスのスキルは、自転車に乗る、ケーキを焼く、あるいはピアノを弾くのと非常に似ている。最初はひどく苦労するが練習するほど簡単になっていく。幸い私たちはシンプルで簡単なエクササイズでマインドフルネスを学べる。このあと紹介する方法はほとんど努力なしで、いつでもどこでも練習できる。私たちは徐々にスキルアップでき、やがてはもっとも厳しい状況でもマインドフルになれるようになる。

（注意：あなたは前の章のエクササイズを続けていると思う。もしまだなら、今すぐ戻ってやってみてほしい。なぜならそれらはこれから行うワークの基礎になるからだ。）

まず、集中の法則についてもう少し説明し、そのあと実際にやってみよう。

■何もするな：ただ存在せよ！

さて、ちょっと気分転換しよう。自信のゲームのゴールデンルールは次のものだ。

まず行動せよ。そうすれば自信はあとからついてくる。

何かをうまくやれる時のみ、私たちは自信をもつ。だが自分の行動に集中していなければうまくやるのは不可能だ。心ここにあらずの状態、つまり思考に囚われながら何かをすると、あるいは無意識の自動運転状態で行動するとあまりうまくいかない。

ではどうすれば現在の経験にもっと深く関われるのか？　答えは単純だ。もっと注意を向ければよいのだ。私たちは今・ここで起こっていることに気づいている。それに集中するのはマインドフルネスの基本中の基本だ。だがそれは、今までのような注意の向け方ではない。マインドフルネスでは、心を開き、興味と柔軟性をもって物事に注目する。一つ一つ説明しよう。

●注意を向ける：今この瞬間、心の中と外の世界に起こっていることに意識を集中する。つまり自分の思考と感情、そして見え、聞こえ、触り、味わい、匂いを感じるものすべてに気づくのだ。

●心を開く：たとえそれが好ましくなくても、また認めたくなくても、起こっていることに心を開く。現在の経験にそっぽを向き、心を閉ざすのとは正反対の行為だ。

●興味を持つ：今起こっていることに興味を持つ。そして、経験の中から積極的に新しいものを探す。今まで気づかなかったもの、当たり前と思っていたことなどを。勇敢な探検者、情熱的な科学者のように、細部に注目し、何一つあたりまえとは思わず、見いだすものすべてに興味を持つ。

●意識を柔軟に保つ：私たちの意識の向け方はとても柔軟だ。私たちは時に注意力を集中させる。たとえば何かに没頭する時だ。針に糸を通そうとしている時、穴を開けようとしている時、ゴルフボールを打とうとしている時、等。また、集中力を広く保つこともある。知らない街を散策し、見たことのない景色に見入る、匂いを嗅ぐ、周囲の音を聞く時などだ。ある時は思考や感情の生み出す内的世界により集中し、またある時は外の世界に注意を向ける。

では、これを今すぐやってみよう。読むのを少し中断し、聞こえてくる音に耳を澄ます。まず呼吸や動きなど、自分が出している音に注意を傾けよう。次に注意の範囲を周囲の音にまで広げる。ミュージシャンが素晴らしい音楽を味わっているつもりでこれらの音を聴こう。異なる音程、音量、リズムを聴き取り、いくつかの音が鳴り始めたり、更に大きくなる一方で、いくつかの音が止まったり静かに消えていくのに注意しよう。今から三〇秒間やってみてほしい。

＊＊＊＊

次に、周囲を見回して五つのものに注意を集中してほしい。自分が芸術家で、有名な作品を念入りに鑑賞しているつもりでそれぞれの物体を見てほしい。その形、色、手触り、陰影などに注目しよう。影、反射、一番明るい部分なども。それがどんなに見慣れたありふれた物であっても、その物体に好奇心を向け、三〇秒から六〇秒間行ってみよう。

＊＊＊＊

今度は背筋を伸ばして椅子にすわり、体の体勢を感じ取ろう。足を床にしっかりつけ、背骨をまっすぐにして肩を落とそう。三〇秒間、頭から爪先まで体をスキャンし、各部位の感覚に気づこう。自分は他の星から来た科学者で、三〇秒間だけ人間の体を体験することを許されたと思って、強い好奇心を持って行おう。

＊＊＊＊

次は、上記のエクササイズを全部同時に行おう。本を置き、背筋を伸ばし椅子にすわり、床に足をしっかりつけ、自分の体や、目に見えるもの、聞こえるものに対して柔軟に意識を集中させよう。今すぐ三〇秒間やってみよう。

＊＊＊＊

何が起こっただろうか？　〝現在〟とのつながりがより深まっただろうか？　周囲の様子や自分の体により注意を向けることができただろうか？　読書に没頭している時、目の前の単語以外のものとのつながりはほとんど失われている。だがこれらの言葉は現在の私たちの経験の、一つの側面でしかない。本を脇に置き、自分の周囲や体に注意を向けると、あらゆる種類の視覚、音、感覚に気づくことができる。

もちろん本に没頭するのは悪いことではない。私にとっては最高の過ごし方である。だがいつまでも本に集中していたらどうなるだろう？　歩きながら本に顔をうずめたり、夕食の時、子供と遊んでいる時、セックスをしている時、車の運転やテニス、あるいは誰かと会話をしている時にも本を手放さなかったら何が起こるだろう？　あなたの生活、健康、人間関係にどんな影響があるだろうか？

私たちはこんな状態に陥ってしまう傾向がある。違うのは、影響を与えるのが本ではなく頭の中の言葉であることだ。集中とは、本を置くように頭の中の言葉を解き放ち、現在の経験にすべての注意を向けることなのだ。

■人生は舞台劇

人生とは壮大な舞台劇のようなものだ。ステージには私たちのすべての感情、記憶、イメージ、思考、感覚があり、見える、聞こえる、触れられる、味わえる、嗅げるものすべてが存在する。マインドフルネスは照明システムだ。私たちは劇の最中いつでも、どの部分にもライトを当て、好きなだけ観察できる。照明は起こった事実を改変できないが、劇についての理解や認識に影響を与える。

そして私たちは、この照明システムをかなりの程度まで操作できる。全体の照明を落として大事な行動にスポットライトを当てたり、ライトを全部つけて舞台のすべてを見ることもできる。川を流れていく葉っぱのテクニックは、ちょうど舞台の照明を暗くし、思考にスポットを当てることだ。少し前にやったエクササイズも、見えるもの、聞こえるもの、感じられるものにスポットライトを当ててショーの特定の部分を際立たせるものだ。

舞台劇にはあまりに多くの面がある。では、どこに注意を向ければよいのだろう？　答えは簡単、今この瞬間にもっと大事なこと、なりたい自分になる、したいことをする助けになることだ。

前にも書いたが、こうした行動を心理学者は〝課題に焦点づけられた注意〟と呼ぶ。その瞬間の課題に完全に集中するのだ。課題をうまくこなしたければ、それがゴルフだろうと絵を描くことだろうと、車の運転、セックスやランチの準備、会話だろうと、注意を課題に関連することに向けなければならない。ネガティブな自己評価、失敗の予想、自分は不十分だという思考などは舞台劇とは関連がない。だがそれらを舞台から追い出すことも、暗闇に葬ることもできない。ではどうする？　その部分のライトを暗くし、必要な部分に明るいスポットライトを当てるのだ。裏方や警備係ではなくリードシンガーやミュージシャン、ダンサーなどに。次のエクササイズでやり方を説明しよう。

■マインドフルな呼吸

マインドフルな呼吸の歴史は数千年前にさかのぼる。それはヒンズー教、ユダヤ教、道教、仏教、キリスト教、イスラム教、ヨガ、太極拳、マーシャルアーツなど、宗教やスピリチュアル、哲学の分野に多く見出せる。とてもシンプルだが集中と脱フュージョンのスキルを高めるには大変効果的で、三〇秒でも三〇分でも、好きなだけ行える。こうした経験が初めてなら、まず五分間やってみよう。続けるうちに長くできるようになる。

一つ注意してほしい。もしあなたが浅く速い呼吸を長年続けてきたなら、このエクササイズでゆっくりと深い呼吸をすることに違和感や不快感を持つかもしれない。だが我慢して二週間も続ければ、それが自然で心地よく感じ始める。また、滅多にないことだがマインドフルな呼吸が不安やめまいなどを引き起こすことがある。もしそうなっても我慢して続けることを強くお勧めする（心が〝気絶しそうだ〟とささやいてもそんなことにはならないのを保証する）。こうした反応はだいたい一、二週間で消え失せる。

では説明をじっくりと二回読み、やり方が分かったら始めよう。

・楽な姿勢をとる。（椅子に座って背筋を伸ばし、足を床にしっかりつけるのが好ましい）
・目を閉じるか、一点を見つめる。
・静かに、ゆっくり深い呼吸をする
・肺の空気を全部吐き出す。肺の中が完全に空になるまで優しく静かに空気を押し出す。そして肺が自然に息を吸い込むにまかせる。
・息を深く吸い込む必要はない。一度肺が空っぽになれば、それは自然に空気を満たす。無理に吸い込まず、自然な呼吸ができるか試してみよう。
・初めて呼吸というものに出会った科学者になったつもりでこれを観察しよう。すべての感覚、鼻腔を出たり入ったりする空気、上下する肩、持ち上がっては下がる胸郭、ふくらんではしぼむ腹部などに集中しよう。これらの部分が努力なしに相互に働いているのに気づこう。
・最初十回呼吸したら、あとは自然なリズムにまかせよう。コントロールする必要はない。
・難しいのは呼吸にスポットライトを当て続けること、息が出たり入ったりするのを観察し続けることだ。呼吸しながら、思考が現れたら葉っぱのように流れに載せよう。
・時に心はあなたをつかまえ、エクササイズから引き離してしまうかもしれない。あなたを捕える思考は、過去の記憶から白日夢、夕食に何を食べるかまで様々だ。これはまったく自然なことでこれからも起こり続ける。思考に囚われたと気づいたら静かにそれを認め、呼吸に意識を戻そう（うまくいかないと心が責めるなら、その思考に礼を言ってエクササイズに戻ろう）。
・フラストレーション、退屈、焦り、不安、あるいは背中の痛みなどの不快な感情が生まれたら静かにそれを認めよう。「退屈が現れた」「フラストレーションだな」と言おう。そして再度呼吸に集中しよう。

・心は定期的に不平を漏らしたり反抗したりする。「こんなことできない」「難しすぎるよ」「すごく退屈だ」。これらの思考（そして他の思考も）は最初はあなたをつかまえ、エクササイズから引き離そうとする。だが特に問題はない。何百回、何千回思考に囚われようと、それに気づき、認め、そこから離れ、再び呼吸に集中すればよいのだ。これをするたびにあなたは、集中を維持するという価値あるスキルを磨いているのだ。

・終了時間が来たら、意識を周りの世界に広げよう。呼吸へのスポットライトはそのままに、自分の体や周囲の環境にも光を当てる。足を床につけ、背筋をしゃんとして座りなおそう。体を伸ばし、見える、聞こえる、触れる、味わえるもの、また匂いなどに意識を向けよう。

説明を最低二回読んだらエクササイズを始めてほしい。最初は五分で充分だ。だがもっと長くても、あるいは短くても構わない。

■あなたは思考に囚われたか？

エクササイズはうまくいっただろうか？　こういうことが初めてなら、思考に囚われ中断するまで一〇秒しかもたなかったとしても上出来だ。マインドフルネスの初心者は、長い時間集中を維持する様々な経験をしているにもかかわらず、集中がいかに難しいかを知ってショックを受ける。彼らが経験してきたのは映画を見ることかもしれないし、読書、素晴らしい会話、スポーツや趣味への没頭、あるいはクリエイティブな探求かもしれない。だがコンフォートゾーンの外に出て、より困難な状況で集中しようとすると、それはいきなり難しくなる。難しいスキルを身につける、ギリギリの締め切りに間に合わせる、気難しい人とのミーティング、などだ。マインドフルな呼吸法は集中力を高めるための素晴らしい方法だ。そして当然、練習すればするほどうまくなる（このセリフは以前も聞いたのではないだろうか）。

前述のエクササイズは、余計な物のない、もっとも基本的なマインドフルネス呼吸法だ。だが、様々な要素を付け加えるとエクササイズがより簡単で面白くなる。今後練習する時にやってみて、自分に一番合うものを見つけてほしい。

●オプション１：呼吸を数える
一つ一つの呼吸を数えよう。息を吐く時、心の中で数字を唱える。一〇まで行ったら今度は反対に数えて一まで戻り、そこからまた始める。途中で数が分からなくなったら一から始める。

●オプション２：呼吸に色をつける
肺に出入りする呼吸を視覚化し、色がついていると想像する。好きな色で構わない。多くの人は白を選ぶ。

●オプション３：白い光と黒い雲
呼吸の時、白い光を吸い込み、黒い雲を吐き出すのを想像する。

●オプション４：言葉を繰り返す
呼吸の時、心の中で言葉を繰り返す。たとえば、吸う時に「息を吸い込む」、吐く時に「息を吐く」とゆっくりつぶやく。あるいはシンプルに「吸う」「吐く」でもよい。

●オプション５：風船の呼吸
お腹の中に風船があると想像しよう。息を吸い込むとゆっくり膨らみ、吐くとしぼんでいく。

■いつでもどこでも

マインドフルな呼吸の素晴らしいところは、いつでもどこでも練習できることだ。あなたも以下のチャンスに試してみて欲しい。

・信号待ちの時
・何かの順番待ちをしている時
・テレビのコマーシャルの間
・トイレに腰掛けている時
・会議や面接、パーティーなどの待ち時間
・ベッドで眠りに落ちる直前か、目覚めた時
・電話で保留にされている時
・バスや電車、飛行機の搭乗を待っている時、パートナーが支度をしている時、映画が始まる直前など、時間を潰す必要がある時

そして、こうした〝ミニ・エクササイズ〟以外に、決まった時間をとって練習することを勧める。たとえば、最初の一週間は静かな場所に座り、五分間のマインドフルな呼吸を一日二、三回行う。そして毎日三〇秒ずつ時間を延ばし、第三週には一〇分間の呼吸を日に二、三回行ってもよい。

覚えておいて欲しいのは、どんなに短い練習でも効果があるということだ。たとえ一日一分でもやらないよりいい。習慣化するために簡単なメッセージを設定してもよい。冷蔵庫や車のダッシュボー

ドにこんな言葉を貼っておこう。「呼吸」「集中」あるいは「練習」でもよいだろう。コンピュータか携帯電話のカレンダーに毎日メッセージが出るようにしてもいい。腕時計のバンドや財布、ハンドバッグに明るい色のステッカーを貼ってもよい。こうしておけば、時計を見たり財布やハンドバッグを開いた時にステッカーに気づき、その場で何回かマインドフルな呼吸をすることができる。

前もってスケジュールを立てておくこともできる。医者に行ったり飛行機に搭乗する等、待たされると分かっている場合、待ち時間に多少なりともマインドフルな呼吸をするとあらかじめ決めておく。

■呼吸はスタートに過ぎない

マインドフルな呼吸法はそれ自体が有益な練習だ。せわしない日常から一時私たちを引き離し、充電のための休息と内なる平和を与えてくれる。だが本来は、重要な仕事の際に完全な集中をもたらす万能のトレーニングツールだと考えて欲しい。スポーツやワークアウト、本の執筆、彫刻の制作、キャンバスに絵を描く、楽器の演奏、セックス、子供と遊ぶ、パーティーで踊る、会話する、スピーチをする、交渉するなどの際は、今度は呼吸ではなくそれらの行動に集中する。現在に集中し、思考は通りを走る車のように、行き来するがままにしておく。

マインドフルな呼吸が好きになれない場合はどうするか？　それでもやってみることを勧める。最初は気が進まなくても練習するうちにうまくいき、多くを得ることが多いからだ。だがどうしてもダメだ、という場合でも集中力を高める方法はたくさんある。あなたがすべきことは思考を止めて……。

第9章　バラの香りを楽しむ

暗く窮屈な独房を出て、二〇分行進し石灰岩の石切場につく。そこでは、シャベルとツルハシでの強制労働が待っている。焼けつくような太陽、手はマメだらけで血が流れている。汗びっしょりの体は粉塵まみれだ。

待ち構えている運命を知りながら行進させられる時、どんな気分だろう？　自叙伝『自由への長い道』の中で、ネルソン・マンデラはこの行進を「元気の源」と呼んでいる。ロベン島刑務所での日々のうち一三年間、彼は毎朝行進していた。そして毎回、自分の体験をフルに味わっていた。空を優雅に舞う鳥、海からの風の涼しい心地よさ、ユーカリのつぼみの新鮮な匂い。過去の惨めな日々や、これからの過酷な労働に思考を奪われることは決してなかった。彼は常に現在に生きていたのだ。

幸い私たちは、鳥や風や花を愛でるために刑務所に入る必要はない。自動運転モードによる思考の堂々巡りをやめ、五感を自分の周りの世界に完全に向ければずっと多くの満足感を得られる。古いことわざ「立ち止まってバラの香りを楽しめ」は誰でも知っている。だが実際そうする人はどのくらいいるだろうか？

この章で紹介するエクササイズは五感を使う。見えるもの、聞こえる音、感触、味、匂いに気づく。これは、現在に存在し、集中し、今していることに没頭する能力を養うために大きな効果がある。すでに書いたように、何かをうまくやり遂げたり満足感を得たければ、この能力は必須のものだ。

■忙しい人のためのマインドフルネス

ごくたまに「時間は腐るほどある」という人々に会うことがある。だが彼らは真の少数派で、ほとんどは常に忙しい人ばかりだ。私のクライアントの多くは「すべてのエクササイズをする時間なんてないよ」と言う。実際私自身、そうした状況の時がある。だがマインドフルネスの美点は、いつでも、どこでもできることだ。一〇分間のマインドフルな呼吸や川を流れる葉っぱのテクニックなど、しっかりしたエクササイズをするにはそれなりの時間を取らなければならない（そして私はそうすることを強く勧める）。だが、一日のスケジュールを変えることなしにエクササイズする方法はたくさんある。以下はそのいくつかだ。

■毎朝の習慣に集中する

毎朝の習慣、歯を磨く、髭を剃る、トイレに行く、シャワーを浴びる、服を着る、ベッドを整える、朝食を作る、朝食を食べる、お茶を飲む、などをマインドフルネスのトレーニングに変える方法がある。これらを集中と脱フュージョンのスキルを磨くのに利用しよう。あなたがお茶を淹れるとしよう。一つ一つの動作に五感をすべて働かせる。初めてお茶を淹れるつもりで、最大の興味を持って起こっていることを観察する。

すべての音に注意を払おう。音量や音程、音質、リズムが変わっていくのを聞き取ろう。ヤカンに水を満たしていく時の音の変化、スイッチを入れた時のカチッという音、お湯が沸騰する音、蒸気のシューッという音、カップに注ぐ時の音、ティーバッグからお湯が滴る音、砂糖やミルクを入れる時の優しいしぶき。すべての視覚情報にも注意を向ける。形、色、質感、そして陰影。ヤカンから吹き出す濃い蒸気、カップから立ち上るかすかな湯気、ティーバッグを沈める時の表面の波、お湯の中に滲み出るお茶の様子、立ち上るミルクの柔らかな雲。

体の動き一つ一つにも注意する。ヤカンを持ち上げる、蛇口をひねる、ヤカンを置く、お湯を注ぐ、ティーバッグを入れる時の、肩、腕、手、そして目の自然な連携動作を意識する。

動作を行いながら何か新しい発見をしよう。今までは当たり前としか思わなかったことを。今までカップから立ち上る湯気を真剣に見つめたことがあっただろうか？　カップの中でチリンと鳴るスプーンの音、ティーバッグを入れる時の自分の肩の動きなどに注意を向けたことは？

エクササイズをするうちに、心は〝すべきこと〟の思考を餌に、あなたをつかまえようとするだろう。そうした思考は行き来する車のように放っておき、今・ここ、に集中しよう。もちろん時には思考に囚われる時もあるだろう。それに気づいたらすぐ、静かに認めよう。そしてそこから逃れ、再びお茶を淹れることに集中しよう。

■雑事に集中する

生きていくために必要だが、退屈でつまらない日常の雑事はないだろうか？　あなたはそんな時、なるべく早く終わらせようと歯を食いしばって奮闘する？　それとも気を入れず、自動運転に任せて行うだろうか？　テレビかラジオをつけて、作業の間少しでも退屈を紛らわせるだろうか？

よい例がアイロンかけや皿洗い、食器洗い機に皿を入れる、ゴミ捨て、子供にランチを作る、掃除機をかける、洗濯、床掃除、バスタブを洗う、などだろう。だがこうした雑事こそが集中と脱フュージョンのスキルを向上させる貴重なチャンスになるのだ。

妻とのセックスを恐れているタクシー運転手、セブを覚えているだろうか？　セブは再びセックスを楽しむためには、不安な思考や感情に囚われず、完全に集中する方法を身につけなければならないと考えていた。彼は食器洗い機に皿を並べる作業をマインドフルネスの訓練に使うことにした。私は彼に言った。「今度食器洗い機に皿を入れる時、自分は皿並べの世界チャンピオンだと想像するんだ。作業は生中継され、世界中の数億のテレビに映し出されていると思ってほしい」。すべてのカップ、皿、ボウル、スプーン、ナイフ、フォークを、細心の注意を払い丁寧に入れていく、食器を入れる時の音を聞き、表面に付いている食べ物や飲み物の残りの色や形を観察しながら。肩や腕、手の動きにも注意を向ける。そして私はこう付け加えた。「作業をしながら心のおしゃべりを、後ろで鳴っているラジオのように聞き流すんだ。思考につかまった時はそれに気づき、手離し、再び集中する」。

次のカウンセリングの時セブは、食器を入れる作業が単調でつまらない仕事ではなく、集中できる行動になったと報告してくれた。「断っておくけど」彼は言った。「楽しかったわけじゃない。フットボールの試合を見るか皿を並べるか選ぶなら、当然フットボールさ。でもマインドフルにそれを行うと、今までとは違ってきた。すっかり没頭していたんだ。おかしな話だけど、面白かった。まさか皿を並べるのが面白くなるなんてね」。

■楽しい作業に集中する

私たちの日常の行動で、楽しんでできることは多い。だが完全に集中していないために、楽しさや満足感をフルに味わえないのだ。それを当たり前のことと考えて自動運転に任せて行い、その間、次にすることを考えている。たとえば何かを食べる、飲む、子供と遊ぶ、ペットをなでる、シャワーを浴びる、恋人を抱きしめるなどだ。私たちはまた、多くの小さな喜びを逃している。それもこれも〝立ち止まってバラの香りを楽しむ〟ことをしないためだ。あなたにできるシンプルで簡単なことで、人生に小さな楽しみをもたらすものはないだろうか？　公園に散歩に行き、鳥や花を愛でる？　好きな音楽を聴く？　特別な料理を作る？　セックスに何かスパイスを加えてみる？

毎日、少なくとも二つの楽しい体験においてマインドフルネスのエクサイズをすることをお勧めする。シャワーを浴びるなら五感をすべて使ってやろう。シャワーの仕切りに当たる水滴の模様、肌の感覚、石鹸やシャンプーの匂い、お湯がノズルから吹き出す音。

ディナーの時は最初の一口の前に、それぞれの食材の匂いや色、形、質感を観察しよう。ナイフを入れる前に食器が立てる音や、手、腕、肩の動きに注意を払おう。最初の一口を飲み込む前に、口の中で味や食感に注意を向ける。自分は料理評論家で、初めて食べる料理だと思ってやってみよう。

愛する人を抱きしめる時、体の感覚や自分の姿勢、手の動き、そしてパートナーの表情や体の変化にも注意しよう。

■あらゆるものに集中しよう

忙しい人がマインドフルネスを鍛えるためにできる簡単な方法はいくらでもあることが分かったと思う。もう一つ覚えておいて欲しいのは、何にでも注意を向け、集中力を維持する練習ができるということだ。靴の紐を結ぶ、鼻をかむ、夕日を眺めたり髪を洗ったり、芝刈りや、お尻を掻くなどの動作でもいい（もちろんあなたはそんな下品なことはしないだろうが）。

自分独自の集中の練習をいくつか考えよう。マインドフルに冷蔵庫に物を入れる、マインドフルに階段を昇る、マインドフルに髪の毛をとかす、マインドフルにドアの鍵を開ける。前にも言った通り、マインドフルな瞬間はすべてプラスになるのだ。練習すればするほど、私たちがそこに迷い込むことはなくなる。〝そこ〟とは……。

第10章　心の霧

自分の目が信じられなかった。私はメルボルンの植物園を歩いていたのだが、そこはもはやどこでもなかった。ほんの数分前まで私は巨木に囲まれていた。木々はまだそこにあるはずだが、それらの影も見当たらなかった。厚い霧が何もかもを覆い隠したのだ。

メルボルンは美しい街だ。そして幸いなことに霧が出ることも少ない。だが一度立ち込めると、それはものすごい。霧や濃霧、集中豪雨、吹雪や砂嵐の類につかまると始末に負えない。視界がないまま目的地を目指すのは至難の業だ。だが悪天候の時でも——その時私たちはすぐに気づく——状況に合わせて行動を変えることは可能だ。だが、それが〝心の霧〟だと話は別だ。

心の霧は、まさに字面通りのものだ。思考による厚い雲で、物事を見えにくくし、効果的な行動もできなくなる。そしてまずいことに、この霧につかまってもそのことを自覚できない。霧が晴れ、再び世界がはっきり見えるようになってはじめて、自分がどんなに迷っていたのかに気づく。

心の霧は様々な形をとって現れる。心配する、誰かを非難する、空想する、拒否や失敗の経験を思い悩む、逃避を考える、復讐を考える、白日夢を見る、空想の会話を繰り返す、分析麻痺（分析するだけで行動に移せなくなること）に陥る、過去をくよくよ思い悩む、未来の予想をする、など。

マインドフルでない時、私たちはこの霧の中で何時間もさまよい、人生を無駄にする。

一つはっきりさせておくべきことがある。霧は私たちの思考によって作られるのではない。思考とフュージョンすることが霧を生み出すのだ。

思考がどんなにネガティブで役立たずで苦痛なものだろうと、私たちが脱フュージョンしていれば霧は現れない。一方、思考とフュージョンすればするほど霧は濃くなり、周りの世界とのつながりは薄れる。霧から逃れる唯一の方法は集中と脱フュージョンだ。思考から逃れて現在の行動に集中すれば、視界はすぐにクリアになり効果的な行動がとれる。

■心配の霧

心の霧の中で呼吸困難になる最大の原因は〝心配〟だ。私たちは大なり小なり心配をする。そしてそれが習慣化するほど、エネルギーを奪われる。心配することは時間を奪い、エネルギーを奪い、効果的な行動の邪魔をする。今まで紹介した私のクライアントも、心配にかなりの時間を費やしてきた。ラジは新しいレストランを作ることでお金を失うのを恐れていた。セブは再び〝よいセックス〟ができるかどうか、妻を満足させられず、彼女が自分の元を去ってしまうのではないかと心配していた。サラはオーディションで失敗するのが恐かった。クレオとクレアは人付き合いにおいて拒絶されるのが恐ろしく、また自分が黙り込んでしまうことを心配していた。

彼らはこの章で説明したテクニックを実践して心配を大幅に減らした。だが私は一度も彼らに「心配するのをやめろ」と言ったことはない。私が思うに、これは最も役に立たないアドバイスだ。そもそも心配をやめるのがそれほど簡単なら、こんな〝賢い〟アドバイスをする前にとっくにやめているだろう。

実際多くのクライアントがこうこぼす。「心配するのはやめようといつも思うんだが、だめなんだ」。こう聞いても私は驚かない。研究によれば、不安にならないための方法は世の中にあふれているが、たいてい状況を悪くするだけだという。心配を無理やり追い出したり気を逸らそうとしても、しばらくはうまく行くが長期的にはたいていリバウンドが起こる。しかも以前よりもっと強く頻繁に現れる。では、〝心配の霧〟とどう付き合えばよいのだろう？

●ステップ1：〝心配すること〟の正体を知る

心配とは、起こるかもしれない〝悪い〟ことについての思考ではない。誰もがそうした思考は持っている。そして、その他の心の霧と同様、その思考自体は問題ではない。問題はフュージョンなのだ。心配とは、こうした思考とフューズ（融合）してしまうことだ。思考を手放すことなくしっかり結びついて、何度も再生することだ。

●ステップ2：心配の代償を考える

心配の主な代償は、人生を逃すことだ。心配につかまると、私たちは心理的に現在から引き離される。〝今・ここ〟の体験から切り離され、未来の思考に囚われる。愛する人との意思疎通がなくなり、食べているもの、していることとのつながりは失われる。動作は続いているが心は現在になく、従ってその経験から何の見返りも満足感も得られない。そしてそれは、どんな分野だろうと間違いなく私たちの能力を阻害する（注意：恐れと不安は決して私たちの能力を引き下げない。だが心配は引き下げる）。その他の代償は、時間の浪費、睡眠の妨害、重要な決断の先延ばしなどだ。

●ステップ3：心配の理由から自由になる

クライアントからこう言われることがある。「それは私だよ。私はずっと心配屋だったんだ。どうしても心配してしまうんだよ」。私はこう答える。「その物語にしがみついていたらどうなる？　心がそう言うのは自然なことだ。心は自分のやり方に固執する。変化が嫌いなんだ。なので心が〝変化なんて無理だ〟というのは放っておいて、とりあえず挑戦してみたらどうだろう？」。

もう一つ、よく聞く言葉は「でも心配は役に立つよ」だ。心配は〝自分の問題と向き合う時に役に立つ〟、あるいは〝最悪に備えることができる〟というものだ。だが私に言わせれば心配などオンボロの自転車に乗るようなものだ。それでニューヨークからシカゴに行けるかもしれないが、一体どのくらい時間がかかるだろう？　そして到着した時どうなっているだろうか？　旅をするならもっと効率のいい方法がある。新しくて性能のいい自転車か、車かバスか飛行機で行くことだ。

問題を効果的に解決したいなら、あるいは効果的に意思決定をしたいなら、最悪の状況に効果的に備えたいなら、心配は役に立たない。それは行動の足枷になり、先送りさせ、やる気を低下させ、不適切な決断を引き起こし、ストレスや不安を増加させる。

何かを心配する前に次のような質問をして、積極的な計画を立てるか、建設的な問題解決をしよう。

・この状況に効果的に対応するにはどうすればいいか？　状況を変えるためにどんな行動をすればいいか？　助けやアドバイスはどうすれば得られるか？

・起こりうる最悪の事態は何か？　もし起こったとしてどう対処すればいいか？　どんな行動をすべきか、あるいはどんな助けやアドバイスを得られるか？

もし効果的な行動ができるならそうすべきだ。できないなら不快な感覚に居場所を与えてやり、心配から脱フュージョンし、今・ここでできる、意味あることに集中しよう。

●ステップ4：心配することと気遣うことを区別する

人は問題について心配することと、それを気遣うことを混同している。この二つには大きな違いがある。気遣いには大きな意味があるが、心配は何の役にも立たない。いくつか例を挙げよう。

・健康について心配する：自分の体の問題点について無意味にくよくよ考える。
・健康について気遣う：健康的な食事、運動をし、タバコをやめる。
・自分の財政状態を心配する：自分の貯金が少ないことを意味なく考え続ける。またお金を失ってしまうことや、支払いができなくなる状況を想像する。
・自分の財政状態を気遣う：貯蓄口座を開く。予算を立て、フィナンシャルアドバイザーと面談する。

●ステップ5：心配から脱フュージョンする

心は偉大なるストーリーテラーであり、その目的は私たちの関心を引くことだ。そしてそれには恐怖の物語が一番効果的であることも知っている。なので心が急にそれを止めることはない。だが恐れを信じず、来て去るがままにさせておくことはできる。シンプルなテクニックは、それに気づいたら名前をつけることだ。心配の思考が現れたらすぐに言う、「また心配が現れたぞ！」。あるいはもっと簡単に「また心配か」でもよい。同じ問題で心配を繰り返してしまうなら、〝心に感謝する〟か〝名前をつける〟テクニック、あるいはその両方をやってもよい。「おっと、また〝破産するかも〟の物語か。ありがとう心」または「〝競争に負ける〟の物語だね。心よありがとう」。また、いつも行っている流れる葉っぱのテクニックやマインドフルな呼吸の練習も、慢性的な心配癖には強力な効果がある。

■心の霧を自信に変える

マインドフルネスのテクニックはどれも、心の霧から逃れるために有効だ。前章ではマインドフルネスのスキルを日々高められる簡単な方法を紹介した。ここからは人生の目標を達成するためのスキルについて話そう。まず、自信のサイクルについて復習しよう。

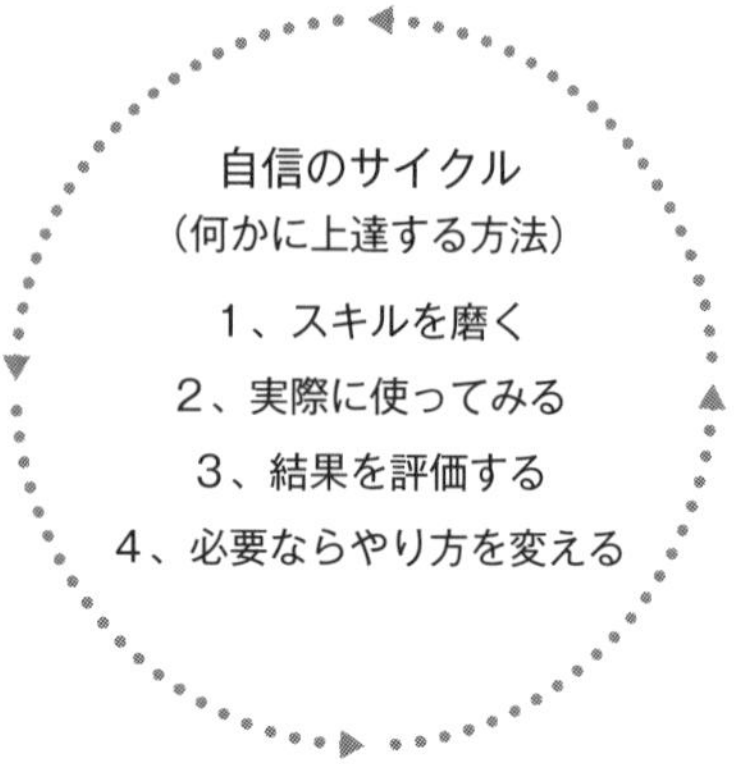
自信のサイクル
（何かに上達する方法）
1、スキルを磨く
2、実際に使ってみる
3、結果を評価する
4、必要ならやり方を変える

ちょっと考えてみてほしい。あなたにとってどの分野を探究することがもっとも純粋な自信を引き出してくれるだろうか？　スポーツ？　ビジネス？　人付き合い、クリエイティブ、それとも他のものだろうか？　これらの中から一つ、集中したいものを選び、自信のサイクルに当ててはめて考えてみよう。その分野での能力を向上させるためにどんなスキルを伸ばしたいだろうか？

あなたがスポーツで特定のテクニック、たとえばゴルフのスイングやテニスのサービスなど、一定の動きや所作を身につけたいとしよう。ビジネスの世界でプレゼンテーション能力やインタビューのテクニック、セールストークを身に付けたいのでもよい。人付き合いで、世間話やジョーク、他愛のない質問をする、あるいは自分についての話をする能力でもいい。絵画であれば色の混ぜ方、遠近の格子の描き方、光と影の実験など。子育てなら子供にポジティブな影響を与え、自信を与え、子供たちの目線でやりとりすることなどだろう。

私たちは時に練習を嫌う。しかしそれは必須のものだ。心は言うかもしれない。「でもそれは不公平だ。最初から才能のある奴もいる。彼らは練習なんてしないよ。なんで僕だけ練習するんだ？」。私もこうした考えは真実だと思う。人間は平等に生まれてなどいない。そしてある人々は特定の才能に恵まれている。これは子供でも同じことだ。他の子より強い子供、足の速い子供、器用な子供、想像力や言語能力に長けている子供は存在する。問題は、〝不公平だ〟の思考に囚われていることが、自分の能力を伸ばす助けになるかどうかだ。それは腹立たしさとフラストレーションをもたらすだけではないか？

私自身、誰かが私より少ない努力で何かをうまくやってのけると妬み心が湧いてくる。毎年一冊本を書く有名小説家がいる。しかも執筆には三カ月しかかからないのだ！　だが私は大体、「不公平だ」の物語からすぐに逃れられる。それを抱え込んでも何の得もないことを知っているからだ（もちろん嫉妬心はなくならないが心の霧からは解放される）。

次のことを覚えておくと役に立つかもしれない。〝才能がある〟ように見える人々は、すでに私たちよりもずっと多くの練習をしてきたのだ。タイガー・ウッズは二歳にもならないうちにゴルフを始めたし、モーツァルトが鍵盤楽器の練習を始めたのは三歳の時だった。もちろん他の子供に比べ才能豊かだったことは間違いないが、彼らが世に出るまでに、すでに莫大な練習が積み上げられていたのだ。

もう少し身近な、非常に社交的な人々を例に取ろう。社交の場ではとても有利だ。だが彼らはおしゃべりの天才に生まれついた訳ではない。私たちと同様、生まれた時はしゃべることはできず、今の状態になるまでに多くの練習をしてきたのだ。もちろん「会話の能力を高めよう」と意識していた訳ではないだろう。だが自分が幸福を感じられる行為をすることで自然にスキルを磨いてきたことは間違いない。彼らは社交の才能に恵まれていたのかもしれないが、能力を伸ばすためには練習が必要だという事実は変わらない。

あなたの望みは会話がうまくなることだが、話し下手な上に面白いことを何も思いつかないとしたら、まずは何かの逸話を興味をそそる話し方で伝えることからはじめよう。面白いスリラーを書きたかったら、興味深いあらすじと登場人物、気の利いた会話、緊張や対立の設定を思いつく訓練が必要だ。テニスのサービスに上達したかったら、もう言わなくても分かるだろう。こうした例で本書を埋め尽くすこともできるが、それではちょっと退屈だ。そこで、以下の文の空白を埋めてみよう。

私が＿＿＿＿＿＿に上達したければ、＿＿＿＿＿＿の練習をする必要がある。

練習すべきスキルを特定したら、次のステップはもうお分かりだろう。それをマインドフルに実行することだ。言い換えれば、この練習を脱フュージョンと集中の能力を高める機会にすることだ。トレーニングの前にストレッチをしているなら、それをマインドフルに行おう。面接での受け答えを練習しているなら、マインドフルにやってみよう。楽器演奏のウォーミングアップをするなら、マインドフルに音階を奏でよう。これには主に三つの利点がある。

一つめの利点はマインドフルネスが退屈を追い払ってくれることだ。練習をしなくなる理由の一つは、それが退屈だからだ。そして退屈するのは現在の行動に集中していないからで、現在の行動が単調で退屈で、他にもっと楽しい行動があるはずだという物語と融合しているからだ。

だが、この物語から逃れて完全に集中すれば退屈はなくなる。退屈とマインドフルネスは同時に起きることはない。マインドフルネスとは、好奇心と開かれた心を持って現在の出来事に集中することだ。退屈なのは、現在の出来事に集中せず好奇心を欠いているからだ。

集中力を高めるためには、今していることへの好奇心を育てることが大切だ。過去に何百万回やったとしても、全く同じ行動というのはあり得ない。どんな違いや、以前は意識しなかったことに気付けるだろうか？

二つめの利点は、どんなスキルの練習だろうとマインドフルにやれば、自動運転に任せるよりはるかにいい結果が得られるということだ。自信のサイクルのステップ2はスキルを〝実際に使ってみる〟だったのを思い出してほしい。これは現在の行動に集中していなければ不可能だ。テニスがうまくなりたければ、テニスボールに〝スポットライト〟を当てる必要がある。上手に車を運転したければ、道路と他の車にスポットライトを当てる。社交的になりたければ他の人の言葉とボディーランゲージにスポットライトを当てる。

三つめの利点は、この練習が最高の能力を発揮させてくれることだ。ビジネスにおいて、あるいは親として、パートナー、スポーツ選手、役者、芸術家、恋人として、あなたの役割が何であれ、最高の能力を発揮したいならば、よいスキルを持っていることはもちろん、行為に集中する能力が必要だ。

ここで誓いを立てよう。
●あなたは何のスキルをマインドフルに練習するか？
●どのくらい練習するか？（いつ、どこで、どのくらい練習するか決めよう）
そして利点についての私の言葉を信じてはいけない。自分でやってみて、変化を確かめよう。

■もし十分なスキルを持っているなら

もしかすると、あなたのスキルは何の問題もないレベルかもしれない。研究によると、強い社会不安に苛まれる人々は、社交術が欠けている訳ではない。彼らは単に、自分は鈍い、退屈だ、人に好かれない、馬鹿な発言をしてしまう、面白くないなどの物語と融合してしまっているだけだ。

同様に、インポスター症候群に悩まされる人々がスキルの上で問題があるわけではない。自分は偽物、詐欺師、詐称者だという物語と融合しているだけだ。そして、こうした状況でも重要なスキルを磨く余地はある。かつてタイガー・ウッズは言った。「どんなに上達しても、さらによくなることは可能だ。そしてそれがもっともエキサイティングな部分だ」。

是非、少くともどれか一つ重要なスキルを選び、説明した通りにマインドフルに打ち込んでみてほしい。

■どのくらい練習している？

ここまで読んだ読者の多くは情熱的にマインドフルネスのスキルを練習し、収穫を得るだろう。だが一方で、本を読むだけで練習はしない読者も多いだろう。彼らは「こんなの難しいよ」「後で始めるよ」「今はエネルギーがない」「その気になれない」「こんなことしなきゃならないなんておかしい」などの思考や様々な理由づけに囚われているのだ。

そこで次の章では、自信のゲームに勝利するための重要なスキル、セルフ・モチベーション（自発性）について見ていこう。

第3部

何があなたを突き動かすのか？

第11章　燃料を補給する

「私は人生を通して、アフリカの民の闘争に身を捧げてきた。私は白人による支配と戦い、黒人による支配と戦った。私が理想としてきたのは、すべての人々が調和と平等のもとに生きる民主的で自由な社会だ。そのために生き、実現を望んでいる理想だ。だが、必要なら死をも厭わない」

これは悪名高いリボニア裁判の最後を飾ったマンデラの最終弁論だ。南アフリカ政府は裁判にある大きな期待を寄せていた。マンデラをはじめとする民主化運動のリーダーに死刑を宣告するのが彼らの望みだった。だが国際的な批判と南アフリカに対する制裁措置によって、重い実刑判決で妥協したのだ。

マンデラの〝価値〟、民主主義、自由、平等、協力は、スピーチの中でひときわ輝いている。貧しい黒人に低価格・無料の援助を行う法律事務所の設立から始まり、官憲から身を隠すために地下に潜伏し、政府に対する非暴力の抵抗を主張した日々、二七年間に及ぶ刑務所での過酷な年月、そして選挙で民主的に選ばれた最初の南アフリカ大統領としての任期中に至るまで、それは終始一貫して彼の原動力となった。恐怖に怯えたり、くじけたり、疲れ切った時、これらの価値はマンデラに耐え忍ぶ力をくれた。

マンデラは刑務所で、政府は彼の自由を奪うことはできても価値を奪うことはできないことを知った。また彼は、良い教育こそが民主主義と平等の要であると信じていた。そして誰もがそれを受けられる環境をつくることを決意する。マンデラは地下の〝大学〟を立ち上げる。囚人たちは密かに鉱山の坑道に集まり、理想について話し合い、知識を分かち合い、講義に参加し、政治からシェークスピアまで互いに教えあった（それはのちに〝ネルソン・マンデラ大学〟として知られるようになる）。

マンデラはまた、南アの白人の言語であるアフリカーンス語を学び、機会を捉えては白人の看守を相手に南アの政治と歴史について議論した。これはボーア人と呼ばれる白人マイノリティーの姿勢や信条についての深い洞察を育み、後に南アフリカの新憲法についての協議をする際に計り知れないほど役立った。彼は刑務所での年月の後半、扱いがやや改善した頃に通信教育で法学の学位を取得している。

これらのことが自信とどのように関連してくるのだろうか？　疑問に答えるために〝価値と目標〟についてもう一度考えてみよう。

■価値と目標の再考

多くの自己啓発本やセミナーでは目標の設定を重視している。特にそれが自信や成功、能力発揮などをテーマにしている場合は。そしてそれは正しい。目標は大切だ。だがもし私たちが目標を達成するチャンスを最大限に高めたいなら、まず自分の価値をはっきりさせておかなければならない。なぜか？　理由は三つある。

●1．価値は、厳しい状況にある時でも、すべきことをするためのひらめきと粘り強さをくれる。

もし目標が遠い将来のことであったり、非常に困難だったり、当面の問題を抱えている場合、価値を持っていないと途中で息切れしてしまう。マンデラの価値は恐怖と苦悩、失望に満ちた日々に彼を支え続けた。価値がなければ彼は偉業を成し遂げられなかっただろう。

●2．価値は私たちに指針をくれる。

価値はコンパスのようなものだ。それは私たちの旅の指針となる。方向を教え、正しく導いてくれる。自分の基本的価値に沿わない目標を追求していると、多くの場合失望や不満に行き着く。だが価値を使って自分にとって意味のある目標を決めれば、反対の結果が得られる。

●3．価値は目標に向かっている時も幸福感をくれる。

マンデラは青年期に、一見不可能な目標を設定した。アパルトヘイトを撤廃し、南アを民主国家にすることだ。実現するには数十年を要した。だが価値に従って生きている間、彼は幸福感を得ていた。目標を達成するまでの一つ一つのステップにおいて、彼は自分が大切なもののために戦っていること、人生において意味ある行動をしていることを知っており、そのことが彼に幸福感と満足感を与えてくれた。

自伝の中でマンデラは書いている。「その栄光が、勝ちを収めた本人しかその事実を知らないという部分にある、という勝利も存在する」。これは刑務所のような、自分の理想に忠実であることに慰めを見出さなくてはならない場所では特にあてはまる。

■価値と練習

この本の一貫したテーマの一つは〝練習〟だ。必要なスキルを身につけるまでは自信が持てないことを、私は何度も指摘した。そして練習しなければスキルは身につかない。また、現在の行動に完全に集中し、心配や完全主義、自己不信などの役に立たない思考から脱フュージョンするためにはマインドフルの能力が必須だが、そのためにも練習が必要だ。

練習について語るのは簡単だが、実行するとなると難しい。なぜか？　練習は不快な思考や感情を生みだすからだ。時にはそれについて考えるだけで不快になることさえある。そして人間は不快な感情を嫌う。するとどうなるか？　不快な感情を避けるために練習をしなくなる。後回しにするか、できない理由を考えるようになるのだ。

これらは自然な行動だ。練習を後回しにしたりやらないと決めると、その場では満足する。不快な思考や感情は消え失せる。これはいい気分だ。いい気分は誰もが歓迎する。しかしこれには問題がある。私たちはいい気分でいたいがために不快感を避けたり追いやろうとし、これはすぐに習慣化する。そして私たちは不毛な選択をするようになる。長く続く幸福感をもたらすものよりも、たとえ短い間でも、不快感が少ない行動をしてしまうのだ。

心理学者はこの現象に〝体験回避〟というしゃれた名前をつけている。それは、望まない思考や感情を避け、追い出すために必死になることだ。程度の違いこそあれ、私たちは皆、体験回避の傾向がある。私は、不快な思考や感情が好きで避けようとしたことがないという人に会ったことがない。だが不快感に居場所を与えてやらないと生活の質は低くなる。実際、体験回避の頻度が上がると人間の能力は下がり、ストレスは増し、うつや不安に悩まされることが多くなる。

なぜこうなるのか？　不快を避ければ避けるほど、人生で大切な物事よりも感情を優先して行動するようになるからだ。言い換えれば、不快な思考や感情を持ちたくないために、人生において大切な、人生を豊かにする行動を避けるのだ。長い目で見れば人生をより良くする行動ではなく短期間の心地よさをくれる行動を選ぶことで、私たちの人生は矮小で空虚になっていく。私たちはこれを〝コンフォートゾーンで生きる〟と呼ぶ。

体験回避の例を挙げよう。あなたは本書を読みながら、いくつかのエクササイズを飛ばしただろうか？　そうだとしたら何故そうしたのだろう？　心は、エクササイズなんて重要じゃない、あるいは、後でやるよ、と言ってこの選択を正当化したのかもしれない。だが本当は、やってみようと考えた時、不快感が現れたのではないだろうか？　そして止めておこうと決めた時、ホッとしなかっただろうか？　そうであればあなたは体験回避に行動を支配されたのだ。

ほとんどの人が日常的にこれを経験している。私たちが人生の目的や大事な挑戦を先送りしたり止める時、自分に正直ではなく、理想の自分とは異なる行動をしている、あるいは長い目で見て利益になる行動を放棄している可能性が高い。

ではどう乗り越えればよいのか？　どうやって自分を練習に向ければよいか？　ナイキのポスターを見て、〝Just Do It!〟すればよいのか？　それとも宇宙に頼んでもっと簡単にできるようにしてもらうのか？　すべての願望が実現するようにありありと想像するのか？　ポジティブ思考によって心を再プログラムしてみるのか？　これらは皆、よく知られた方法だ。そしてそれが有効かどうかはあなたが判断できるだろう。私が言えるのは、私のクライアントのほとんどはこれらを試したことがあり、長期的には効果が持続しなかったという事実だ。

〝持続〟とは何だろう？　疲れている時、落ち込んでいる時、不安、退屈、フラストレーション、恐れに苛まれ、やる気が起きない時でも私たちの背中を押し、続けさせてくれるものとは？　私たちをコンフォートゾーンから引っぱり出し、恐れや不安の渦巻く挑戦に送り出すものとは？　もうお分かりだろう、それは〝価値〟だ。

■心のコンパス

第1章でも触れたが、価値とはコンパスのようなものだ。方向を示し、旅のガイドとなり、私たちを正しい道につなぎとめてくれる。私たちの目標はこの道のりの果てに達成されるのだ。この川を渡り、あの山を登り、あの城を訪れ、この傾斜をスキーで降りるうちに。

あなたの目標がエベレストに登頂することだとしよう。そこにある価値は次のようなものだ。勇気、忍耐、集中、ベストを尽くす、練習・フィットネス、個人的成長、自然とのつながり、探検、そして冒険（これらの価値によって設定できる目標はたくさんあることに注意してほしい。エベレストに登るのは無数の目標のうちの一つに過ぎない）。

ところで、エベレストには一人では登れない。登山チームの一員となる必要がある。すると別の価値も検討することになる。どんなチームメンバーになりたいか？　オープンな心で融通が利き、気遣いがあり親しみやすく、人の助けになり、尊敬でき、頼りになり、誠実で正直で責任感がある、等だろうか？

どちらの場合も、目標に向けた行動をする上でこれらの価値を指針にできることに気づいてほしい。仮にチームの結成やエベレストの登頂が達成できなくても、勇気、忍耐、個人的成長、オープンな心、融通性、責任感その他、潜在的価値に基づいて生きることができる。そして目標を追求する過程で多くの幸福感を得られる（もちろん目標が達成できなければ、がっかりするだろう。だが自分に忠実だった、理想のために生きた、自分が理想とする人間として生きたという満足感は残る）。

第1章で、真の自信を持てたとしたらあなたはどう変わるか、という質問をした。どんな目標を設定するか、どんな行動をするか、今後自分のふるまいをどう変えるか。次の章からこれらの質問を再検討する。あなたの答えはとても重要だ。あなたはおそらく自信のギャップにはまっていて、大事なことを始める前にまず自信を持とうとしていた。それがいかに失望と直結しているかはすでに見てきた。私たちの人生は棚上げされ、多くのチャンスが失われている。自信のゲームを勝ち抜くためにはゴールデンルールに従わなければならない。

ルール1
まず自信の行動をせよ。そうすれば自信の感情はあとからついてくる。

次の章からは以下のことを行う。まず、自分の価値と目標を明確にし、二つがかみあっていること、目標が価値と足並みを揃えていることを確認する。次にこの目標を、それを達成するためのいくつかの行動に分割する。そしてこれらの行動をマインドフルに行う。自分のしていることに集中し、役に立たない物語は手放そう。これをするうちに、自信を持って行動するようになるだろう。本当に大事なことをするために、自分を信用・信頼するのだ。行動がよりスムースになり、自己不信や完全主義からの脱フュージョンも上達したら、自信の芽生えを感じとれるだろう。

ただ、これらの途中であなたは間違いなく行き詰まる。恐れや心配の感情が起こり、それと戦う羽目になるだろう。だが幸いそれは問題ではない。そうなったことに気づいたら、〝拡張〟と呼ばれるマインドフルネスのスキルを使って、感情と戦わずに、より効果的に手綱を取れる。

パート4でそれについて説明する。だがまだパート3が始まったばかりなので、その前に次のことをしよう。

■自分の価値を見てみよう

自分の基本的価値を明確にする方法はたくさんある。以下で紹介するエクササイズはトッド・カシュダンの本、『頭のいい人が「脳のため」に毎日していること』（三笠書房／原題 *Curious?*）の中の類似の練習からヒントを得たものだ。次ページに一般的な価値のリストを掲載する。それらのすべてがあなたと関わりがあるわけではない。覚えておいてほしいのは、価値に良し悪しはない、ということだ。それはちょうどピザの好みのようなものだ。あなたはハムとペパロニが好きだが私はサラミとオリーブが好きだとして、私の好みがあなたのよりも正しいということはない。嗜好は様々だというだけだ。同様に価値もそれぞれ違う。以下のリストを読み、それぞれの価値にあなたの評価を加えてほしい。V〝very important（とても重要）〟な価値を、少なくとも一〇個選んでほしい（本に書き込みたくなければ筑摩書房のホームページからPDFファイルをダウンロードできる）。

このエクササイズをしながら心の動きに注意してほしい。たとえば、ある価値を重要だと評価したが、それに沿った行動はしていないとしよう。心はあなたを責めるか、こう言うだろう、「俺は騙されないぜ」。

■一般的な価値のリスト

価値には〝正しい〟も〝間違い〟もない。このリストは単に、あなたに自分の価値について考えてもらうためのものだ。それぞれの価値に、V〝very important（とても重要）〟、Q〝quite important（かなり重要）〟、N〝not so important（重要ではない）〟の評価をつけてほしい。

1．受容：心を開き、自分や他者、そして人生などを受け入れる。
2．冒険：冒険心に富み、常に新奇で刺激的な経験を求め、生み出し、探索する。
3．自己主張：相手に敬意を払いながら自分の権利を主張し、自分の欲しいものを伝える。
4．真正性：それが自分の本心から来た本物であること。自分に忠実であること。

5. 美：自分や他者、環境などの美に敏感であり、それを創造し、育て、洗練させることが好きだ。
6. 気遣い：自分や他者、環境などを気遣う。
7. 挑戦：自己成長、学び、進歩のために挑戦し続ける。
8. 思いやり：傷ついた人々に優しさを持って接する。
9. 協調性：規則や責任を重視し、それに従う。
10. つながる：現在の行動に完全に集中する。他者といっしょに完全に現在を生きる。
11. 貢献：自分や他者によい影響を与え、助けとなる。
12. 協力：他者と協力し、共同でことを行う。
13. 勇気：勇気を持ち、恐怖や脅迫、困難にひるまず立ち向かう。
14. 想像力：想像的、革新的である。
15. 好奇心：探究や発見に対し常に心を開き、興味を持つ。
16. 励ます：価値を置く行動をした自分や他者に報いる。
17. 平等性：他者を平等に扱い、また自分も平等な扱いをされることを重んじる。
18. エキサイトメント：エキサイティングで刺激的、スリリングな行動を求め、また自ら作り出し、身を投じる。
19. 公平性：自分や他者に対し公平であろうとする。
20. 健康：健康を維持し、向上させる。肉体的、精神的な健康と健全性に留意する。
21. 柔軟性：環境の変化に対応し、すぐに順応する。
22. 寛大さ：自分にも他者にも寛大である。
23. 自由：自分の生き方や行動において自由を重んじる。他者もそうあることに援助を惜しまない。

24. 親しみやすさ：親しみやすく、気さくで、感じ良く人と接する。
25. 楽しさ：楽しい行動を求め、創造し、それに没頭する。
26. 気前よさ：自分にも他者にも気前よく与え、分かち合う。
27. 感謝：自分や他者、そして人生全般のポジティブな面に対し感謝の心を持つ。
28. 誠実さ：自分にも他者にも、正直で裏表がなく、誠実である。
29. 謙虚さ：謙虚で控えめ、自分の業績を誇らない。
30. ユーモア：人生においてユーモアを重んじる。
31. 独立性：独自の道を行くことを重んじる。
32. 勤勉さ：勤勉でよく働き、仕事において献身的である。
33. 親密さ：親密な人間関係においては感情的にも肉体的にもオープンで率直になり、自分自身を相手と分かち合う。
34. 公正性：常に公正で公平であることを重んじる。
35. 優しさ：自分にも他者にも優しく、思いやりに溢れ、気遣いがあり、育てることが好きで、常に気配りを欠かさない。
36. 愛：自分と他者に対し、つねに愛情と親しみを持って接する。
37. マインドフルネス："今・ここ"を体験することを常に意識し、心を開き興味を持っている。
38. オープンマインド：他者の思考、視線で物事を考え、また状況を冷静に検討する。
39. 秩序：秩序を重んじ、きちんとしている。
40. 忍耐力：必要なものが得られるまで辛抱強く静かに待つ。
41. 粘り強さ：困難や障害に遭っても毅然と行動を続ける。

42. 喜び：喜びを創造し、自分や他者に分け与える。
43. 権力：リーダーシップを発揮し人々を統率するために、他者に強く影響を与える、または権力を行使する。
44. 相互関係：公平なギブ・アンド・テイクの関係を構築する。
45. 尊敬：自分と他者に敬意を払う。礼儀と気遣いを持ち、ポジティブに接する。
46. 責任：自分の行動に責任を持ち、それを果たす。
47. ロマンス：ロマンチックであろうとし、愛情と愛着を示す。
48. 安全：自分や他者を守る。人々の安全を確保する。
49. 自己意識：自分の思考、感情、行動を常に意識している。
50. セルフケア：自分の健康と幸福を重視し、そのために必要なことをする。
51. 自己啓発：知識、スキル、性格、人生経験などにおいて成長、向上し続けようとする。
52. 自己コントロール：自分の理想に従って行動する。
53. 官能性：五感を刺激する体験を創造し、探求し、楽しむ。
54. 性的欲望：性的なことを探求し表現する。
55. スピリチュアリティー：自己よりも大きな存在とつながることを追求する。
56. スキル：常にスキルを磨き、それを使う時は完全に集中する。
57. 援助：人々を援助し、勇気づけ、他者への助力を惜しまない。
58. 信頼：信頼するに足る存在となる。忠実・誠実で、正直で頼り甲斐がある。
59. （あなた独自の価値を書き込もう）

それぞれの価値にV〝very important（とても重要）〟、Q〝quite important（かなり重要）〟、N〝not so important（重要ではない）〟を付けたら、すべてのV印から一番重要な六つを選び、それらに6と書き加えよう。

＊＊＊＊＊

あなたはどんな人間になりたいか、自分と他人にどう接したいか、何のために人生を生きたいか、このエクササイズで分かっただろうか？（まだこのエクササイズをやっていないなら、何があなたを押しとどめているのだろうか？「後でやるよ」あるいは「めんどくさいよ」の思考だろうか？それとも捨て去りたい不快な気持ちが現れたのだろうか？不快感が現れても、心がもっともらしい〝やらない理由〟を示しても、戻ってやってみるだろうか？）。

このエクササイズでよく起こるのは、自分の価値と自分の行動の大きなギャップを突きつけられることだ。たとえば第1章で紹介した、妻とのセックスを避けていたタクシー運転手のセブは、自分のトップ6の価値の一つに〝親密さ〟を挙げていた。彼の価値と、奥さんに対する態度には大きな隔りがあった。ここ何年もデートをしていないシャイな受付係、クレアの場合も同じだった。彼女のトップ6の価値の一つは〝信頼〟だった。だが彼女は滅多に人々に自分の〝本当の〟姿を見せなかった。拒否されることを恐れていたからだ。

アレクシスの場合も同じような状況だった。二八歳、二人の男の子の母である彼女は、支配的で何かにつけて辛辣な義母に対してもっとしっかり自己主張をしたかった。彼女の基本的価値の一つは〝勇気〟だった。そして彼女は人生の様々な側面でこの価値に基づいて行動していた。アレクシスは看護師で、専業主婦になる前は世界中を飛び回り、アフリカの、戦争で引き裂かれた地域の野戦病院で働いていた。だがこの高圧的な義母に向き合うと彼女の勇気は萎え、対決する気が失せるのだった。

価値と行動のギャップがあっても自分を責める必要はない。それは、あなたが嘘くさいスーパーヒーローではなく普通の人間であるという証しだ。人生のあらゆる局面で価値に従って行動している人間などいない。またそんな期待をするのは現実的ではない。もちろん、価値に沿って行動することで人は向上できる。だが私たちは完璧になることはない。覚えておいてほしい、私たちの行いが破壊的、自滅的であればあるほど、基本的価値から離れた行動をしやすい。昨晩、私は妻と派手な言い争いをした。すっかり頭に血が上った私は彼女をひどく傷つけることを言った。この時の私の態度は破壊的で自己破滅的だった。それは私たちの関係にとってまさに破壊であり、私が望む結果につながらないという点ではまさに自己破滅だった。争いの最中、私は基本的価値に沿って行動していただろうか？もちろんノーだ。それは私の価値のトップ6のうちの三つ、気遣い、つながり、貢献にまったくそぐわない行動だった（冷静になった後、すぐにこれらと再びつながり、即座に謝って和解した）。

ここでもう一つエクササイズを紹介しよう。本書を脇に置き、紙にトップ6の価値を書き出そう。今後数カ月、財布やハンドバッグに入れてこの紙を持ち歩き、時々取り出して検討しよう。自分の価値に触れれば触れるほど、それらをインスピレーション、指針として利用できる。

■重要なメッセージ

自分の価値を厳密なルールにしないよう注意してほしい。「私はいつ何時でも勇気に溢れている」などだ。心が、〜した方がよい、すべきだ、する必要がある、する義務がある、正しい、間違い、などの言葉を使ったら、それはもはや価値を思い出させる行為ではなく命令だ。価値とルールは似て非なるものだ。たとえば、「汝殺すべからず」は価値ではなく厳格なルールだ（実際これは〝戒律〟である）。私たちが子供の頃、大人たちは、このルールを守れば〝善〟で、守らなければ〝悪〟だと教えた。だがこのルールの深層にあるのは人間同士の気遣いと尊敬だ。そしてこれらの価値に沿った行動の仕方は他にもたくさんある（断っておくが、このルールを破ってもいいとはこれっぽっちも言っていない。単にルールと価値を区別しているだけだ）。

心理学者のジョン・フォーサイスは、価値を、常に位置を変える立方体にたとえている。立方体がどの位置にあったとしても、すべての面を一度に見ることはできない。どれかが前にある時は他の面は後ろになる。だが見えない面が存在していないわけではない。正面にないというだけだ。同様に、ある時は特定の価値が優勢となり、他はそうでもなくなる。だがその時の行動のもとになっている価値以外のものが消えてしまうわけではない。その時点では優先されないというだけだ。

生きていく上で、価値に沿った行動は時間とともに変化していくものだ。だが多くの場合、価値そのものはそれほど変わらない。六歳の男の子に、どのように子犬を世話したいか聞くと、餌をやる、抱きしめる、一緒に遊ぶ等の答えが返ってくるだろう。答えの根底にあるのは気遣いと養育だ。この子が三六歳の二児の父親になった時、子育てに関してもっと洗練されたルールを持っているだろう。就寝についてのルール、子供を勇気づける方法、どこまでの行動が許されるかなど。だが気遣いと養育が基礎的な価値であることは変わらない。

私たちがそれぞれの価値に置く重要性は、生きている間に大きく変化する。子供が小さく、弱く、無防備な時、彼らを守ることは最優先の課題だろう。だが彼らが中年になり自分の家庭を持つ頃には、この価値はなくならないまでも、重要度は低くなっているだろう。

あなたが一年後にもう一度このエクササイズをやった時、〝重要ではない〟とした価値のいくつかは、〝かなり重要〟あるいは〝とても重要〟に格上げされているかもしれない。もちろん逆のケースもあるだろう。そしてトップ6の価値も大幅に変わっているだろう（一方で、まったく変わっていない場合もありうる。これは本当に人それぞれだ）。

一つ警告がある。「常に自分の価値に沿った生き方をすべきだ」的な、〝完全主義の罠〟にはまらないよう気をつけてほしい。そんな必要はまったくない。価値とは、あなたにとっての理想的な行動を表す言葉に過ぎず、それに従って行動する必要はない。それは個人の選択だ。ＡＣＴでは価値をガイドとして使うことを推奨しているだけだ。なぜならそれは通常幸福と活力をもたらすからだ。だがくれぐれも、価値を人生を律する規則にしないでほしい。ＡＣＴの創始者であるスティーブン・ヘイズはこれを絶妙に表現している。それはちょうど自信のゲームの五つめのルールにもなる。

ルール5
価値を絶対視するな。しかし積極的に追い求めよ。

このルールを柔軟に、そしてマインドフルに（厳格さを求めたり惰性で行動するのとは逆に）追求すれば、それは私たちをあるものから救い出してくれる。それは……。

第12章　成功の罠

〝成功〟という言葉はあなたにとって何を意味するか？

「彼女はとても成功している」「彼は成功者だね」という言葉を聞いて、どんな思いが浮かぶだろうか？　この社会では、成功とは目標を達成することとされている。名声、財産、地位、尊敬を受ける、大きな家、高級車を所有する、よい仕事につき高額の給料をもらう。これらを手に入れると、社会的には〝成功者〟と呼ばれる。だがこうした成功の概念を信じこむと、無用の苦痛を背負うことになる。

なぜか？　これらの成功観は私たちを〝目標指向の人生〟に引き込むからだ。そうなると、人は常に次の目標を追い求めることになる。もっと多くのお金、もっと大きな家、よりよい地域、お洒落な服、もっと痩せたい、筋肉をつけたい、より高い地位、名声、もっと多くの尊敬、などなど。私たちはこのゲーム、勝ち抜き戦に勝利しようと躍起になる。ものを売りつけ、昇進し、契約をまとめ、もっと魅力的なパートナーを探し、もっとかっこいい車を買い、あの資格を取ろう、あの大学の学位を得ようと奮闘する。〝この目標を達成すれば私は成功者だ〟という幻想を追い続けるのだ。

こういう人生には少なくとも三つの問題がある。一つは、こうした目標を必ず達成できる保証はないことだ。できてもひどく時間がかかるかもしれない。結果、常に失望とフラストレーションにつきまとわれる。二つめは、たとえそれが得られても幸福は長く続かないということだ。通常、しばらくはいい気分になり、満足し、喜びを感じられる。だがすぐに次の目標に目が移る。三つめは、この生き方には大きなプレッシャーがかかる。次から次へと目標を実現していかなければならないからだ。実現し続けている限り、〝成功者〟〝勝者〟〝優秀者〟であり、〝王者〟でいられる。だがそれが止まるともはや成功者ではない。〝過去の人〟〝失敗者〟〝負け犬〟になってしまう。

この成功の概念こそが、〝脆弱な自尊心〟を世に蔓延させる原因なのだ。脆弱な自尊心は優秀な専門職に多くみられる。これらの有能な人々は自分の能力を根拠としたポジティブな自己イメージを持っている。彼らが能力を発揮し、高い自尊心を持っている限り。だがいったん能力が落ちると自尊心は暴落し、〝勝者〟から〝負け犬〟へ、〝優秀な者〟から〝失敗した者〟に転落する。

このような成功の定義に縛られるとストレスと不幸は避けがたい（目標を達成した時だけ束の間の喜びが訪れるが）。そこで私は、今までと革新的に異なる成功の定義を提案したい。それは「真の成功とは、自分の価値に従って生きること」というものだ。

この定義は人生をとても楽にしてくれる。なぜか？　私たちはどんな時でも価値に基づいて生きることができるからだ。たとえ何年もそれを無視してきたとしても、すぐに、簡単に成功できるのだ！

目標が長い時間を要するものである場合、この考え方は特に有効だ。価値に生きることによって、目標の達成を待つことなく、今すぐに成功できるのだ。あなたが心臓外科医に転職したいと考えているとしよう。目標を達成するには最低一〇年必要だ。これは長くかかる。だが自分の基本的価値が〝他者を助ける〟であれば、その行動は一日中いつでも、残りの人生の毎日でも実践できる。もし心臓外科医になれなかったとしても。

マーティン・ルーサー・キング牧師の次の言葉を考えてほしい。「私には夢がある。私の四人の子供が、肌の色ではなく、人格によって判断されるような国家に住むことだ」。一九六三年八月二八日、ワシントンD.C.のリンカーン記念堂において、二〇万人の公民権運動家の前で行われた有名な演説からの言葉である。
〝成功とは目標を達成すること〟という考えに基づけば、キング牧師は成功しなかったことになる。彼の、すべての人種が平等な権利を与えられるという目標は達成されなかった。だが私たちはキング牧師を記憶し、尊敬・称賛している。なぜか？　彼が自分の価値のために生きたからだ。

価値のために生きるのが成功だとすれば、私たちは今すぐに成功できる。必要なのは価値に沿った行動だけだ。この視点に立つと、子供を支え、育てるという価値のために自分のキャリアを放棄した母親は、数百万ドルを稼ぎながら、子供と一緒に過ごすという自分の価値を無視しているCEOよりも成功していることになる。アインシュタインは言った。「成功者になろうとするな。価値ある人間になるよう努めよ」。ヘレン・ケラーは言った。「私は偉大で高貴なことを成し遂げたいと思っている。だが私がしなければならないのは、小さな仕事を偉大で高貴なものと同様に成し遂げることだ」。

この次にあなたの心が、成功が足りないことを責め立てたら、「心よありがとう！」といい、自分に問いかけよう。「たとえ小さなことでも、今できる価値に沿った行動はないか？」、そしてそれを行おう。あなたはすぐに成功できる！

■旅と目的地

自信のゲームに〝正しいルール〟をもうひとつ加えよう。

ルール6
真の成功とは、自分の価値に沿って生きることだ。

このルールに従うことは、目標をあきらめることではない。それは、価値を利用して目標を設定し、努力を持続させるということだ。人々は言う。「目的地ではなく旅することが重要なのだ」。だが私はそうは思わない。目的地は重要だ。ニューヨークからパリへの旅はニューヨークから上海への旅とは違う。とはいえ、あなたにとってあらゆる一瞬が旅である。そして目的地は、そこに到達したその瞬間に、目的地ではなくなる。パリに着いた瞬間、あなたは目的地のパリにいる。そしてすぐに新しい旅が始まり、新しい目的地が現れる。たとえば滞在するホテルなどだ。ならば、目的地だけに集中するよりも、旅のあらゆる瞬間を楽しむ方が得策ではないか?

〝プロセス〟や〝成果〟などの言葉の方がより親しみやすいかもしれない。プロセスは何かを成し遂げるための道であり、成果は行動の結果だ。純粋な自信を育み、最高の能力を発揮し、自分の行動に最大の満足を見出したければ、プロセスに集中し、完全に没入し、成果については考えないことだ。

繰り返すが、それは目標を放棄することではない。単に集中をシフトさせることだ。結果を気にせず、プロセスだけに情熱を注ぎ、最高を目指し自分の能力をフルに発揮する。

私のクライアントの一人、ジニーは絵を学んでいたが、あまり楽しんではいなかった。常に絵の仕上がりがどうなるかを心配していた、つまり成果にこだわっていたのだ。そこで私は、たとえ自分の望む仕上がりにならなくても、プロセスから何かを得られないかと聞いてみた。ジニーは色や色調の使い方、光、構図、そして絵筆によって異なる質感を表現するなどを学べることを挙げた。次に私はどんな価値に基づいて絵を描きたいかを質問した。彼女の答えは〝学ぶことと創造的であること〟だった。最後に私は、プロセスに情熱を注ぎながら絵を描き、それを、新しいスキルを学び創造的になる機会だと考えるように言った。ジニーはすぐに、プロセスに集中して成果を気にしなければ、絵を描くという行為からより多くを得られることを発見し、できあがりを心配せず、描くのを楽しめるようになった。そして逆説的だが、彼女の絵はずっと良くなった。
さて、自信のゲームの新たなルールだ。

ルール7
成果に囚われるな。プロセスに情熱を注げ。

■二人の登山家の話

ハンクとジェイクは熱心な登山家で、腕前も同レベルだった。だが登山に対する考え方はまったく異なっていた。

ハンクは完全に目標志向だった。彼のたった一つの興味は、いかに短時間で頂上に到達できるかだった。登山の過程で彼が考えているのは頂上を極めることだけだった。頂上のことしか頭になかったため、止まったり休息をとるのは彼にとって耐え難いことだった。休息をとらざるを得ない時も、頭の中では時計がカチカチと音を立て、残りの距離だけを気にしていた。登山途中での喜びや満足はほとんどなかった。頂上の征服というプレッシャーを常に自分にかけ続け、心を占めているのはまだ到達していないという事実だけだった。

頂上に着いた時はまさに至福だった。やり遂げたのだ。ヤッホー！　最高の栄誉だ。ほんの一瞬景色を楽しむ間、プレッシャーから解放された。だがそれも長く続かなかった。下山を始めると、再び目標が彼を支配した。今度はできるだけ早く下山することだった。

彼とはまったく対照的に、ジェイクの登山は価値が重要だった。目標はハンクと同様、できるだけ早く頂上に辿り着くことだったが、彼の場合は目標の奥にある価値とつながっていた。登山技術を向上させ、自然を楽しみ、勇気を奮い起こし、自分に挑戦し、体を鍛え、探検・冒険することだった。登りながら、ジェイクはすべての瞬間を楽しんでいた。彼は常に頂上のことを考えたりはしなかったし、自分にプレッシャーをかけることもなかった。彼は現在に生き、自分の行為に集中していた。山のふもと、中腹、頂上、どこにいようとも、自分の価値に沿い、マインドフルに行動していた。休憩時には景色を楽しみ、そこまで登ったことに満足した。頂上に着くと大きな爽快感を味わった。景色は息を呑むほど素晴らしかった。登っていようと下っていようと、彼は旅のすべてを楽しんでいた。

さて、天候が崩れ、頂上が目指せなくなったとしよう。下山するしか選択肢がない。二人の登山家は落胆する。目標達成に失敗したのだから。だがジェイクはハンクよりもはるかに上手に状況に対応する。なぜか？　ジェイクにとっては登山そのものが満足だったからだ。彼は登山スキルを伸ばし、それを利用し、勇気をもって探検し、大自然を楽しんだ。なので望みが叶わなくても、ジェイクにとっては成功であり実りのある体験なのだ。一方ハンクは失望で一杯で、彼にとっては失敗の体験だった。目標を達成できなかったからだ。彼の心を占めていたのはいつ再挑戦できるかだけだった。

これが、価値に集中した人生と目標に囚われた人生の違いだ。ジェイクは目標を達成し、途中の経過も楽しむ。仮に目標を達せられなくても、価値に生きたことで大きな満足を得られるのだ。

一方ハンクは自分で作り出したプレッシャーと、慢性的なフラストレーションとともに生きている。彼にとっては目標がすべてだ。目標が達成されなければ満足もない。達成したとしても、少しのあいだ喜びを感じるだけで再びプレッシャーとフラストレーションが戻ってくる。確かに、目標に徹底集中して多くを手に入れる人はいる。だがそれと引き換えに、ストレス、不満、そして究極には心理的な燃え尽きや肉体的な不健康が現れる。

価値は素晴らしいものだ。それはすぐに成功をもたらすだけでなく、ある役割をする。それは……。

第13章　魔法の接着剤

ティクターリクという名前を聞いて、あなたは何を思い浮かべるだろうか？

これは『指輪物語』の登場人物ではない。ティクターリクは三億七五〇〇万年前に生息していた先史時代の生物だ。北極圏、ヌナブト地域に住んでいるイヌイットの言葉で〝大型淡水魚〟を意味する。ヌナブトこそは、ニール・シュービンとその同僚たちが古代の化石を見つけた場所だった。二〇〇六年四月に発見が発表されると、それは直ちに世界のメディアのトップを飾った。

ご存じのようにティクターリクは平べったい頭と鋭い歯を持っており、どちらかと言うとワニの頭に近い。また、鱗とひれを有しており、この点では魚のようだ。だが爬虫類でも魚でもない。シュービンは、魚から爬虫類への進化の段階を埋めるミッシングリンク（生物の進化の過程において連続性が欠けている部分）を発見したのだ。

あなたが進化論を信じようと信じまいと、あるいは化石探しに関心がなかろうと、シュービンの粘り強さには敬意を払うべきだ。彼とそのチームはこの化石を見つけるために六年間で少なくとも四回の北極圏探検を行い、数週間、来る日も来る日もエルズミア島の荒涼とした凍土を探索し続けたのだ。ことわざにある「干し草の中の一本の針を探す」よりも困難な仕事だっただろう。

私は驚嘆すべき彼の著書、『ヒトのなかの魚、魚のなかのヒト：最新科学が明らかにする人体進化35億年の旅』（ハヤカワ・ノンフィクション文庫／原題 *Your Inner Fish*）を読み、化石探査を始めた頃の彼の話に心を奪われた。まったくの初心者だったシュービンが最初に探検したのは、アリゾナの砂漠だった。彼らが探索したのはせいぜい数センチの小さな化石だった。シュービンは毎日熱心に砂漠に出かけ、岩を見つけては骨のかけらを探した。そして他の古生物学者たちがバッグ一杯の骨を見つける中、彼は手ぶらで帰るのだった。

これを数週間続けたのち、シュービンはあることを思いつく。一人で探すのではなく、チームリーダー、チャック・シャフの後をついて回るのだ。以後毎日、一緒に砂漠を探索しながら、シュービンはシャフから有益な知識を学んでいく。シャフは非常に協力的で、情報の金脈を惜しみなく公開してくれたが、残念ながらそれは役立ちそうになかった。

シュービンは当惑した。彼とシャフは同じ砂漠の一区画を探索しているのに、シャフは小さな歯や顎、骨、そして頭蓋骨の破片を見つけ、一方シュービンの目に映るのは岩と砂ばかりだった。

シャフが繰り返したアドバイスは「微妙な違いを探せ」だった。岩の質感の僅かな違い、表面の違い、形の違い、太陽の反射の微小な差異など。

シュービンは目を皿のようにして〝微妙な違い〟を探したが、それは見つからなかった。彼の当惑はいよいよ高まった。シャフは袋一杯の化石を見つけるのに、彼は毎日何一つ得られずに帰るのだ。

そして数週間が過ぎたある日、シュービンは初めて歯の破片を見つける。それは日の光を浴びて輝いていた。太陽光の下で、砂岩の破片の山の上に鎮座する破片がはっきりと見えた。彼は、見たいものを見られるよう自分の目を訓練したのだ。今では岩と骨をはっきりと見分けられる。シュービンは書いている。「突然、砂漠の上で骨が爆発したようだった」。以前は岩しか見えなかったのに、今では小さな化石の破片がそこら中に散らばっているのが見えた。それはまるで「特別製のメガネをかけ、様々な骨にスポットライトを当てたようだった」。この日以来、シュービンはいつも化石を山ほど持ち帰るようになった。

■価値は接着剤

価値とは強力接着剤のようなものだ。小さな行動を結びつけ、大きな、長期間の目標を達成させる。シュービンの価値は探検、好奇心、冒険、粘り強さ、忍耐、専心、新しいスキルを学ぶこと、自分自身に挑戦すること等だった。これらの価値は毎週、毎日、毎秒を結びつけ、彼に砂漠でのむなしい化石探しを続けさせた。来る日も来る日も失敗の連続だったが、彼は自分の価値を生き、困惑と失望をものともせず、個人的に意味のある行為をすることに満足を感じていた。そしてある日、彼はついに目標を達成した。それはちっぽけな歯のかけらに過ぎなかったが、シュービンにとっては「博物館のホールにある巨大な恐竜のように壮大」だった。

これは〝決意の行動〟なしには成し遂げられなかっただろう。莫大な時間を費やして砂漠を探し回ることだけが〝化石ハンターの目〟を養う唯一の方法だった。彼が抱き続けた価値が、アリゾナの歯の破片から後年のティクターリクの発見まで彼を支え続けたのだ。

ではあなたの人生に目を転じて、強力接着剤を作れるか見てみよう。これから紹介するエクササイズでは、あなたの人生を四つの区分、愛、仕事、遊び、健康に分ける。愛の区分は最も深い関係、子供、両親、パートナー、親しい友人、親戚などに費やす時間と努力を表す。遊びの区分は休息とリラックス、趣味、創作、スポーツ、その他あらゆる余暇、気晴らし、娯楽に使う時間と努力だ。仕事の区分は賃金労働、報酬のない労働（ボランティア活動や家事）、勉強、教育、実習など。健康の区分は自分の肉体、心理、感情、そして精神の健康、幸福への時間と努力だ。

これらは私の勝手な分類なので細かい部分はお任せしよう。たとえば自分のキャリア構築のためではなく、楽しむために何かのコースを受講しているなら、仕事ではなく遊びに分類してもよい。サッカーで収入を得ているなら、それは遊びではなく仕事に入れるべきだ。さて、これらの要素の中から接着剤を見つけるためには、少しばかり心を読む作業をしなければならない。

■マインドリーディング・マシーン

人間の心が読める驚くべき機械が発明されたと想像して欲しい。私はあなたに装置を装着しスイッチを入れる。スクリーンに映像が現れる。それは愛の区分において、あなたにとってとても重要な人だ。ここでちょっと、その人の映像を思い浮かべてほしい。

＊＊＊＊

私がレバーを引くと、あなたはその人の心が読めるようになる。その人はちょうどあなたのことを考えていた。あなたの性格、あなたの強みや資質、自分にとってのあなたの意味、自分の人生におけるあなたの役柄など。その人物はあなたが成し遂げた目標については考えていない。考えているのはあなたがどんな種類の人物か、人生において何を支持しているか等だ。さて、もしどんなことでも可能なら、この人に、あなたについてどんな考えを持ってほしいだろうか？

注意：これはイマジネーションのエクササイズであり、価値を探り出すための想像だ。その人物が現実にどんな考えを持っているかを予想する必要はない。あなたは魔法の力で、相手に自分についてどう考えてほしいかを自由に決めてよい。目を閉じるか一点を見つめるかして、二分間、先ほどのシナリオを想像してみよう。あなたのことをどんなふうに考えてほしいだろうか？

＊＊＊＊

想像したことを数個の単語で書き出してみよう。

＊＊＊＊＊

さて次は、仕事の区分において重要な人物を一人選ぼう。そして先ほどのシナリオを思い浮かべよう。その人がスクリーンに現れ、あなたはその思考に波長を合わせる。その人はあなたの性格、自分にとってあなたがどういう意味を持つか、自分の人生でのあなたの役割について考えている。再び目を閉じ、二分間ほど空想してみよう。想像：あなたはこの人物に自分についてどう考えてほしいだろうか？

＊＊＊＊＊

想像したことを数語で手短に書いてみよう。

＊＊＊＊＊

次に、三番目の人、遊びの区分であなたにとってもっとも重要な人を選び、エクササイズをしてみよう。その人の思考の中に入り、その人が考えるあなたの性格、その人にとってのあなたの意味、その人の人生でのあなたの役割を見る。その人に自分のことをどう考えて欲しいか？

＊＊＊＊＊

想像したことを手短に書こう。

＊＊＊＊＊

次はエクササイズの最後の部分だ。この機械の特別な機能で、あなたは自分の体が考えていることを聞くことができる（馬鹿げているかもしれないが、あくまで想像のエクササイズだ。どんなことでも起こるのだ）。スクリーンにあなたの体が現れる。あなたが体をいかに扱っているか、体のために何をしているか、体をどうケアしているかについての体の思考を聞く。体に、あなたについてどんな考えを持っていてほしいだろう？

想像したことを手短に書こう。

＊＊＊＊＊

■自分の心を読む

このエクササイズには正解はない。なりたい自分になるために、何が重要かを見つけるのが目的だ。あなたがこのエクササイズをしなかったのなら、あなたは長期間の満足につながることよりも、その場での一時的な不快感を避けるのを選んだ、ということに気づいてほしい。このことで自分を責めてはいけない。誰でもそういう時はある。それに気づき、そこから学ぼう。私たちは、不快感を避けることに人生のかなりの部分を費やしている事実に気づいていない。ここでもう一度だけ考えてほしい。このエクササイズをやってみてはどうだろうか？　せいぜい八分しかかからない（二分間が四回だ）。

内気な科学者クレオは、このエクササイズをやった結果、同じ価値が繰り返し現れることに気づいた。彼女は温かくオープンで、純粋で、人の役に立ち、信頼できる人物でありたいと思っていた。だが人付き合いの場で彼女はいつも黙り込み、自分の本当の考えや感情をあからさまにすることは滅多になく、そのため彼女の望む、温かみがあり、オープンで純粋な人だと思われることはほとんどなかった。クレオにとってもう一つの重要な価値は勇気だった。彼女は自分が社交の機会を避けるたびに、価値と矛盾する行動をしていることに気づいた。自分にとっての基本的価値を明確にするのはクレオにとって重要なことだった。それは目標を設定するための基礎を築くだけでなく、これから説明するように、人生の旅路のインスピレーションを与えてくれるのだ。

ここで、第11章の〝自分の価値トップ6〟を含む、今まで発見した事実を参考に、〝価値の窓〟を完成させてほしい。〝窓〟と呼んだのは、それがあなたの望む人生を展望させてくれるからだ（繰り

価値の窓

愛 最も深く最も意味ある関係——子供、パートナー、両親、親しい友人、親戚など 自分の価値： 短期の目標： 中期の目標： 長期の目標：	仕事 賃金労働、勉強・教育、実習、無報酬の労働（ボランティア活動や家事など） 自分の価値： 短期の目標： 中期の目標： 長期の目標：
遊び 休息とリラックス、趣味、創作、スポーツ、その他のあらゆる余暇・気晴らし・娯楽 自分の価値： 短期の目標： 中期の目標： 長期の目標：	健康 自分の肉体・心理・感情・精神の健康と幸福 自分の価値： 短期の目標： 中期の目標： 長期の目標：

返すが、答えを書き出す気が起きなくても、せめて答えを考えてほしい。本に書き込みたくなければフォームを写してもよいし、無料でダウンロードもできる（28頁参照））。

価値の窓は、愛、仕事、遊び、健康の、四つの人生の区分に分けられている。それぞれの枠内に、あなたの価値と目標を書き込んでほしい。短期目標は今後数日間から数週間で達成するもの、中期目標は数週間から数カ月、長期目標は数カ月から数年で実現させるものだ。

目標は曖昧なものではなく、できるだけ具体的に書いてほしい。具体的な目標の一例は、〝木曜の夜八時から一一時までコンピュータの前に座り、ビジネスプランの原案を作る〟などだ。曖昧な目標の例は、〝ビジネスアイデアについてもう少し考える〟等だ。

もう一つ例を挙げよう。具体的目標：〝日曜の夕飯の後、月曜日のミーティングのために話の練習を一時間する〟。曖昧な目標：〝いつか近いうちに喋りの練習をする〟。この違いは重要だ。詳細で具体的な目標の方が曖昧なものよりも達成されやすいことは多くの研究が裏付けている。

自分の価値をガイドにしながら、詳細で意味ある目標を設定しよう。また、このエクササイズをしながら、自分の心がささやくこと、体に湧き上がる感情に気づこう。

■一度にすべてをするのは不可能

実際に書き込んだにせよ心の中でやったにせよ、あなたは価値の窓を完成させただろうか？　ならば次は一〇秒間、心のつぶやきを聞こう。

＊＊＊＊

心は大乗り気だろうか？　それとも難しすぎると言っているだろうか？　あなたの心が私のとそれほど変わらないのなら後者だろう。目標を設定しようとすると心はすぐに圧倒されてしまう。「こんなこと全部できないよ、ハードル高すぎ、グワァ〜」、心がそう言ったら、お礼を言って先に進もう。

大理石の塊から彫刻を削り出す場合、すべての部分を一度に削るのは不可能だ。どこか一カ所から手をつけなければいけない。その部分をしばらく削り、目鼻がついたら次の部分に移る。人生も同じだ。一度にすべてを何とかしようとすると、どうしていいか分からなくなる。途中であきらめるか台無しにするかのどちらかだ。

ここで自分が書いたものを読み返し、人生の区分、愛、仕事、遊び、健康から一つを選択し、二つかせいぜい三つの短期目標を選ぼう。目標についてある程度の進歩が見られたら、別のものを選んで実行しよう。同じ区分からでも別の区分からでも構わない。そしてこれを一生続ける。時には特定の区分により集中することもあるだろう。だが長期的にはすべてに働きかけることになる。

価値の窓を埋めた後、クレオが最初に選び、最も集中したのは愛だった。彼女のワークシートには次のように書いてあった。

■愛

私の価値：周囲との付き合いの中で、温かく、オープンで、純粋で、人の役に立ち、信頼できる人間になりたい。もっと勇気を持ち、恐れに支配されるのではなく心から望んでいる行動をしたい。

●短期の目標：

月曜の朝、今まであまり口を利いたことのなかった同僚二人に週末何をしたか聞いてみる。そして自分が何をしたかも話す。

●中期の目標：

読書会に入会する。そこで積極的に会話に参加し、自分の意見やアイデアを披露する。自由に質問したり、逸話を披露する練習をする。

●長期の目標：

積極的な社交性を身につけるために週に一度は誰かと出かける。来年中に新しい友人を二人か三人作る。

この例よりずっとたくさんワークシートに書き込んでいても問題ない。だがずっと少ないようなら、もう少し時間と努力を費やした方がいいだろう。エクササイズが終わったら目標を吟味して、自分の中にどんな思考と感情が起こるか見てみよう。恐れや心配、不安、緊張を感じただろうか？　そうだとしたら良い兆候だ。それらは次のパートで必要になる。

第4部

恐れを手なずける

第14章　恐れの罠

一九歳のアルバート・エリスは女性に拒否されることを恐れていた。当時のエリスは、自分が将来二〇世紀で最も影響力のある心理学者の一人になるとは夢にも思っていなかった。もっとも大胆な夢としてさえ、そんなことは考えもしなかった。当時の彼の願いは自分の恐れを追い払うことだった。そのために彼は何をしたか？

エリスは一カ月間、毎日ニューヨーク植物園に通い詰め、出会った魅力的な女性に片っ端から声をかけたのだ。恐れを感じながらも、彼は何とか口を開いて声をかけることができた。そしてその月の終わりには、一〇〇人以上の女性をデートに誘っていた。だが誰一人としてＯＫの返事をくれなかった。

だがエリスはこれを失敗とは考えなかった。むしろ彼にとっては大成功だった。なぜか？　拒否される恐怖を完全に克服したからだ。恐怖とは単なる不快な感情であり、それ以上でもそれ以下でもないこと、自分の行動の妨げにはならないことを彼は知った。それは彼を解放し、冒険の人生に旅立たせる深遠な発見だった（実は私は、このエピソードを紹介するかどうかかなり迷った。多くの女性はこの種の行為を嫌うと思ったからだ。またエリスをただのナンパ師だと思う人もいるだろう。だがやはり書くことにした。私個人はこうした行動を支持も否定もしない。単に、心の奥に根差した恐怖を克服したドラマチックな例として挙げた）。

■危険な野獣

あなたがちょっと変わった社会に育ったと想像してみよう。そこでは羊はこの惑星でもっとも危険な動物だと教わる。彼らは巨大で、剃刀のような歯であなたをズタズタに引き裂く。人間を殺し、食うことにしか興味がない。三階建ての家さえも飛び越える。あなたはこれを完全に信じ込む。ある日、田舎道を散歩していたあなたは羊に出会う。羊は小さな木製の柵の向こうからあなたを見つめている。あなたは何を感じるだろうか？　緊張感、不安、それとも恐怖だろうか？

ちょっと突飛な想像だが、私たちは恐怖心というものを次のように考えて成長したのではないだろうか。私たちは子供の頃から恐怖は悪いものだと教育されてきた。それは弱さのしるしであり不自然なものだ、成功者は恐怖心を持たない、恐怖は人生の邪魔物で、減らすか、できれば追い払うべきものだ。私たちは皆、これらを信じ込んでいる。理由はこうだ。（a）こうした洗脳は私たちが無邪気な子供の頃から始まる、（b）恐怖は不快感を伴うため、それは悪いものだという主張は正しそうに思える。

その結果、私たちは恐怖を恐怖するようになってしまった。不安を感じることに不安になる、緊張することに緊張する。この悪循環が分かるだろうか？

■恐れとは何か？

辞書や教科書によると、恐れとは〝想像あるいは現実の脅威に対応した、動揺や不安の感情〟などとなっている。本書で私は、恐れ（fear）という言葉を非常に広い意味で使っており、心配、緊張、パニック、ストレス、自己不信、不安などを含んでいる。本章では恐怖の肉体的な側面、体の中の感覚と感情に焦点を当てる。汗ばむ手、早鐘のような鼓動、ガクガクする膝、胸のざわめき、喉にこみ上げてくる感覚、口の渇き、首の緊張、貧乏ゆすりなどだ。

明らかなのは、思考が恐怖を想像し、維持し、増幅しているということだ。これに対する最も効果的な対処法は脱フュージョンだ。つまり、心が恐ろしげな思考やイメージ、記憶を生み出した時、それに気づき、名前をつけ、中和する。だが、体の中で起こる感情や感覚に対しては、ACTではマインドフルネスのテクニックを利用する。それは〝拡張〟と呼ばれる方法だ。これについては次の二つの章で詳しく説明する。とりあえず今は、恐怖に対して私たちがどんな反応を示すかを見てみよう。

■自動運転モードと回避モード

私たちの多くは、怒りや恐怖、悲しみ、罪悪感などの苦痛の感情にうまく対処できない。それに対する私たちの典型的な対応は二つある。自動運転モードと回避モードだ。

●自動運転モード

自動運転モードでは、私たちは感情の言いなりになる。まるで私たちがロボットで、感情がすべての行動を支配しているような状態だ。怒りが起こると直ちに相手を攻撃し、暴言を吐き、足を踏み鳴らす。恐れが起こると私たちは逃げ、目をそむけ、困難から身を隠す。自動運転状態になると自分のいる場所、行動に対してマインドフルではなくなり、価値との結びつきを完全に失う。代わりに感情が主役となり、あなたを操り人形状態にして苦しめる。まずいことにこれは、強い感情は危険だという幻想を作り出し、さらには〝感情をコントロールできないと好きなように行動することもできない〟という神話を強化してしまう。

●回避モード

〝人間は良い気分に浸るのが好きだ〟というのは一流の心理学者でなくても分かる。不快な気分を楽しめる人間はいない。ほとんどの場合、恐れは不快な感情だ（〝ほとんどの場合〟と言ったのは、私たちは時に、お金を払ってまでこの感情を手に入れようとするからだ。たとえば怖い映画を見る、スリラー小説を読む、ジェットコースターに乗る、等）。通常、恐れは不快感をもたらすこと、また社会がそれを悪いものとしていることを考えると、私たちが恐れを避け、排除しようとするのは自然なことだ。いわゆる〝体験回避〟のことだな、とピンときた人も多いだろう。

回避モードになると、私たちは不快な感情を避けるためにあらゆる努力をする。よくあるやり方は注意を逸らす、手を引く、思考戦略、薬物を使う、等だ。一つ一つ見ていこう。

・注意を逸らす

感情から目をそむけるために私たちは様々なことをする。読書、映画、テレビゲーム、テレビ、人付き合い、音楽、スポーツ、エクササイズ、クロスワードパズル、料理、掃除、セックス、ギャンブル、寝る、仕事に打ち込む、他の人の問題に注目する、等。

・手を引く

困難な状況は不快な感情を呼び起こす。これを避けるために、私たちはしばしば手を引いてしまう。やめる、身を引く、遅らせる、逃れる、人々や特定の場所、行事、状況、活動から距離をとる、等。

・思考戦略

不快な気分を持った時、私たちはそこから逃れるためにあれこれ考える。以下は一般的な思考戦略のいくつかだ。他人を責める、なぜこの感情を持つのか分析する、もっと楽しいことを考える、痛みを感じている事実を否定する、ポジティブ思考をする、楽観思考をする、ポジティブアファメーションをする、ネガティブ思考を否定する、未来を夢想する、復讐を計画する、逃走を計画する、自分を責める、自分に「こんな感情を持つべきではない」と言う、「しっかりしろよ」と自分を叱咤する、積極的に問題を解決しようとする、「こんなことフェアじゃない」「なぜ自分がこんな目に?」と嘆く、「もし〜だったら」と過去を悔やむ。

・薬物を使う

不快な思いを追い払っていい気分を味わうために、薬物や嗜好品を利用することもある。あなたのやり方は次のうちどれだろう? アスピリンやアセトアミノフェンなどの痛み止めを飲む、紅茶やコーヒーを飲む、ハーブその他の自然療法、処方薬、アルコール、タバコ、大麻その他の違法ドラッグ、あるいはチョコレート、ピザ、アイスクリーム、ハンバーガー、チップスなどの食べ物に頼る。

■問題は何か?

私たちは時に、回避モードあるいは自動運転モードになる。これは必ずしもまずいことではない。だがそれが習慣化し、多くの時間をそれに費やすほど、問題も増えていく。

例を挙げよう。私が一日を通して自動運転の状態でいる時間が長くなるほど、自らのコントロール力は落ちる。恐怖と不安が現れた時、自動運転は私たちの選択を支配する。私たちは自分の選択肢を検討せず、恐怖が命じる通りにする。アルバート・エリスが自動運転状態であったなら、女性たちに話しかけはしなかっただろう。恐怖に行動を支配され、逃げ出したに違いない。

回避モードはどうだろうか? 苦痛の感情を避けるためによく使われる方法、注意を逸らす、手を引く、思考戦略、薬物を使う、などはすぐに問題を引き起こす。賢く控えめに行う限り問題はないが、過度に使用すると多くの望まない結果が待っている。

まず〝注意を逸らす〟。感情から注意を逸らすために多くの時間とエネルギーを使うほど、自分の人生を豊かに、有意義にするための時間とエネルギーは減っていく。また注意を逸らす方法のいくつか、たとえばギャンブルや買い物が大金を必要とし、どんちゃん騒ぎや仕事に過度に打ち込むなどが、長い間には健康を損なうのは言うまでもないだろう。

では〝手を引く〟のはどうだろう？　恐怖を避けるためにこれを使うほど、私の人生は小さくなっていく。リスクを避け、コンフォートゾーンから出なくなる。困難に立ち向かわなくなる。精神が硬直し、チャンスを逃してしまう。〝手を引く〟ことの一つの形は延期、後回しにすることだ。これは時には有効だが、やり過ぎると重要な問題に対処できなくなり、それは解決されず、すべきことのリストは際限なく長くなっていく（そして不安も大きくなる）。

過剰な思考戦略にも多くの代償がある。特に大きいのは、人生に集中せず、思考に時間を費やしてしまうことだ。支払う代償は使用する思考戦略によって異なる。他者を責めるのは対立を引き寄せる。未来を夢想することは現在への不満を生みだす。自分を責めても惨めになるだけだ。ポジティブ思考や挑戦的な思考は、望む結果が得られない場合フラストレーションと失望をもたらす。

過剰な薬物使用は依存症から肺がん、肥満まで、あらゆる形で私たちの健康を損なわせる。

だが恐らく一番大きな代償は、恐れを避けるほどそれは大きくなり、私たちの行動により強い影響を与えることだろう。私たちは皆、恐れの罠に囚われている。恐れを追いやろうと努力するほど、それは大きくなる。そして人生にさらにネガティブな影響を与えるのだ。たとえばセブ。彼は性行為の失敗を恐れて妻とのセックスを拒否していた。短期的にはこれで恐怖を避けられた。だが長期的には、失敗の恐怖がさらに増幅されてしまった。その結果、セックスをするのがますます嫌になった。助けを求めてやってきた時、妻とは三年間セックスレスの状態で、二人の対立の大きな原因になっていた。

■恐れの罠

「もう一度馬に乗れ（失敗しても怯まず再挑戦しろ）」ということわざを聞いたことがあるだろうか？私自身は馬から落ちたことはないが、それはとても恐ろしい経験だと聞いた。ひどい落馬の後、人々は再び馬に乗ることに恐れを抱く。特に怪我をした場合はなおさらだ。だが、再び馬に乗るまでの時間が短いほど自信が回復するのも早くなる。「来週乗るよ」と言いながら何週間も先延ばしにしているとどうなるか？　遅らせた分だけ、恐怖心も大きくなるのだ。

再び乗馬をしたいなら恐怖と向き合わなければならない。〝もう一度馬に乗る〟必要があるのだ。心理学者はこれを〝暴露（exposure）〟と呼ぶ（公衆の面前で服を脱ぐことではない）。暴露とは、それに慣れるまで、恐れているものと接触し続けることを言う。この手法は、現在人類が知っているあらゆる方法、テクニック、戦略の中でもっともポジティブな影響をもたらす。

恐怖症を克服しようとする人々のドキュメンタリーを見たことがあるだろうか。たとえばクモに対する恐怖症だとしよう。クモを見るだけでその人はパニックに陥る。それがいそうな場所には近づこうともせず、クモを避けるためにできることはすべてしている。写真を見ることさえ避け、映画でクモが現れると目を閉じてしまう。それどころかクモを話題にするのも拒否する。問題は、クモを避けようとすればするほど、それが恐ろしくなってしまうことだ。

恐怖心を取り払うために、心理学者は少しずつ段階的にクモと接するよう仕向ける。まずクモの写真を見せ、次にクモのビデオを見せる。次は本物そっくりのおもちゃ。その次は展示ケースに入ったクモの死骸。そしてガラス瓶の中でうごめく生きたクモ。そしてついに、生きたクモを手に載せられるまでになる（もちろん多くの人は、クモの養殖でも計画していない限りここまではやらないだろう）。これは〝段階的暴露〟として知られるもので、お分かりのように回避とは真逆のアプローチだ。

だが恐れているものが馬やクモ、斧を振りかざした狂人のような、自分の外の存在ではない場合はどうだろう。自分が恐れるものが感情、気持ち、感覚などだとしたら？　その感情を避けようとしながら生きていく限り、恐れを追いやることはできないだろう。

ここで再び体験回避、望まない思考や感情を避けたり追い払おうとする継続的な努力が顔を出す。体験回避はちょうど感情の増幅器のようなものだ。それは恐れの感情をより大きくし、結果私たちは一層回避に懸命になり、悪循環は続いていく。体験回避の努力をするほど、恐れの罠の締め付けはきつくなるのだ。

何かいい方法はないだろうか？　歯を食いしばって恐れに耐え、乗り越えるしかないのだろうか？やってみるのもいいがお勧めはしない。それより、恐れへの対処法で、世の中で推奨されているどんな方法とも異なるものが一つある。〝我慢する〟〝耐える〟をしないことだ。恐れを抑圧したり存在を否定しない。恐れから注意を逸らそうとせず、恐れないように自分を叱咤することもない。自己暗示などのテクニックを使ってそれを弱めたり消し去ろうともしない。薬やハーブ療法、食べ物やアルコールによって恐怖を追い払うのでもない。恐れなどないかのようにふるまうこともない（いわゆる〝それが実現するまであたかも現実であるかのようにふるまう〟というアプローチだ）。

どんな方法か？　それは恐れにあるものを与えることだ。あるものとは……。

第15章　感情に居場所を与える

「さまよう魂の住む荒れ果てた不毛の地。大地を焼き尽くす灼熱の太陽からは逃がれる術がない。雲霞の如きハエの大群、日常的な暴力の恐怖。殺人、狼藉、レイプ、復讐、拷問。ここに住む者にとって、これらは異常な出来事ではなく、単なる日常だった」

もしあなたが映画、「プロポジション――血の誓約」を見ていたら、私の言うことが分かるだろう。それは一八八〇年のオーストラリアの奥地を舞台とした、極めて残酷で暴力的な西部劇だ（素晴らしいがゾッとする作品だ）。撮影は真夏のまっさかりに現地で行われ、俳優たちは苛烈な暑さと常に群がってくるハエの大群に耐えなければならなかった。

撮影が台無しになるため、彼らはハエを追うことさえできず、ハエが顔の表面を這い回るのを許すほかなかった。これは映画をさらにリアルにした。映画の歴史アドバイザーは、当時の人々はハエが顔を這い回るなど馴れっこで、いちいち追ったりしなかっただろうと考えていた。主演の一人、レイ・ウィンストンは、野生動物のドキュメンタリー映画のライオンが、なぜハエに無関心でいられるのか不思議だったというが、撮影が始まって数日過ぎるとレイはハエに慣れてきた。ハエに悩まされることなく、好きなようにさせてやった結果、彼によれば「鳥の羽毛で顔を撫でられているような感じ」になったそうだ。

これはかなり驚くべき思考の変化ではないだろうか？　通常、私たちはハエを追い払うためにあらゆることをする。払いのけ、叩きつぶし、殺虫剤をかける。凝った罠をしかけ、ハエ避けの網戸を置き、ハエが家に入らないように全力を尽くす。それは当然のことだ。ハエは不潔でばい菌を運んでくる。食物が汚染されれば私たちは病気になる。ハエにたかられるなど論外である。だがレイ・ウィンストンはこうした思考から脱フュージョンし、ハエが這い回る感覚をマインドフルに観察した。結果、それは思っていたほど悪いものではなかった。

ハエが顔にたかるのを我慢しろとは言わないので安心してほしい。だが代わりに、次の可能性を検討してほしい。レイ・ウィンストンがハエに対する思考を変えたように、あなたも恐れに対する自分の思考を変えられるとしよう。その恐れがいかに不快か、自分がどんなにそれを嫌っているかという思考から脱フュージョンできると仮定する。そしてそれらの感情を追い払おうとせず、判断を加えずに肉体的な感覚だけに注意を向けるのだ。

心が「なぜそんなことしなきゃならないんだ?」と問うなら、答えはとてもシンプルだ。思考を追い払うにはとてつもないエネルギーが必要な上、集中の邪魔になる(常にハエを追い払おうとしているようなものだ)。感情と戦っている時、何かに集中するのはひどく難しい。

■再び神話の嘘をあばく

ここまで話すと、私のクライアントの大部分は反論し始める。特に能力不安と戦ってきた人ほどそうだ。彼らは強い不安は能力を低下させる、という神話を持ち出し、だから不安を軽減しなければならないと言ってくる。残念ながらこの考えは深く根付いており、多くのビジネス書やスポーツ心理学の本だけでなく、著名な自己啓発書でも喧伝されている。だが、これが事実でないことを証明する研究文献は山ほどある。

試験に臨む時、緊張が少ないとより能力を発揮できると信じられている。だがA・R・リッチとD・K・ウールバーが一九八八年に発表した刺激的な研究によれば、これは明らかに間違いだ。彼らによれば、試験を受ける時、ほとんどの人はだいたい同じ緊張レベルにある。受験者の成果を決定するのは緊張の度合いではなく、課題に焦点づけられた注意だという。つまり、思考や感情に邪魔されることなく試験に完全に集中すれば、どんなに緊張していようと能力を発揮できるのだ。

スポーツや性的能力についての研究でも同様の結果が示されている(D・H・バーロウやT・J・ブルース、S・ハントン、L・ハーディー、G・ジョーンズ、A・B・J・スウェイン等の心理学者の研究を読むことができる。巻末の参考文献のページに掲載しておく)。要するに、能力は緊張のレベルとは関係なく、重要なのは課題に焦点づけられた注意ということだ。スポーツ選手も愛し合う人々も、課題に集中していれば最高の能力を発揮できるのだ。一方、思考や感情に注意をそらされると、能力は最低レベルになる。

すべてのマインドフルネスのスキルを結集し、役に立たない思考から自由になり、不快な感情に居場所を作ってやり、現在していることに完全集中できれば、どんなに緊張していようとあなたは能力を発揮できる。さらに、かつて恐れと戦うために使っていたエネルギーを効果的な行動に振り向けられるのだ。

■集中と拡張

前の章で回避モードと自動運転モードについて解説し、この状態に留まるほど恐怖はますます増幅され、私たちの人生に及ぼすネガティブな影響も大きくなることを説明した。この章ではこれらに変わる二つのモード、集中と拡張モードについて見ていく。

〝集中〟についてはよく知っているだろう。意識をフルに集中し、現在に生きる、〝今・ここ〟に密着する、現在の経験にすべての注意を向け、それと完全につながる。自動運転とは真逆の状態だ。〝拡張〟も回避の対極にある状態だ。拡張モードでは不快感を追いやろうとせず、心を開いてそれを受け入れてやる。不快感に居場所を作ってやり、それが好きなように現れ、去るがままにさせる。

不快感を好むわけでも求めるわけでも、また承認するわけでもない。それと戦うために時間と努力を費やすのをやめるのだ。こうした難しい感情に居場所を与えてやるだけで、それがもたらすショックや影響は減少する。

古代インドの言い伝えがこれを実にうまく表している。弟子たちの不平や不満にうんざりしたヒンズー教の導師がいた。ある日彼は、若い弟子に一杯の水と椀に盛った塩を持ってくるよう言った。弟子が持ってくると導師は言った。「ひとつかみの塩を水に入れよ」。弟子がそうすると、導師は塩が溶けるまで水をかき混ぜた。「飲んでみよ」彼は弟子に言った。弟子は一口すすり顔をしかめた。「どんな味がしたか？」導師は尋ねた。「ひどいです」弟子は言った。

導師はクスクス笑った。「そう、ひどく不快な味だ」彼は言った。「ではついて来なさい」。彼らは近くの湖まで歩いた。導師は言った。「手のひら一杯の塩を湖に入れよ」。弟子は言われた通りにした。導師は再び言った。「では湖の水を味わってみよ」。弟子は湖の水を飲み、今度はにっこりした。「今度は飲めるだろう？」導師が言った。「塩はちょうど人生の避けがたい苦痛のようなものだ。どちらの場合も塩の量は同じだったのに、入れ物が小さいほど塩辛くなる。人生が痛みをもたらす時はそれを閉じ込めてしまわずに、なるべく広く解き放ってやることだ。ちょうどこの湖のように」。

素敵な逸話ではないか？　話はこれくらいにして、実際に取り組んでみよう。

■感情に名前をつける

強い感情を手なずけるにはそれに名前を付ける（ＮＡＭＥ）のが有効だ。ＮＡＭＥは次の頭文字だ。

Ｎ……Notice　感情に気づく
Ａ……Acknowledge　感情を承認する
Ｍ……Make space　感情に居場所を作る
Ｅ……Expand awareness　気づきを広げる（拡張する）

ＮＡＭＥのテクニックはどんなに難しい感情や気分、感覚にも使用できる。だが今は恐れだけにフォーカスしよう。詳しいやり方はこれから説明するが、その前にＮＡＭＥの四つの段階について簡単にまとめておこう。

注意：最初はとても長く複雑なエクササイズに見えるが、やってみると簡単なことが分かると思う。そして練習するうちにどんどん素早く簡単にできるようになっていく。一度やり方を覚えたら、エクササイズを終わらせるのに数秒しかかからない。

●ステップ１：感情に気づく

感情に気づく、あるいは注意を向ける行為はマインドフルネスの要と言える。脱フュージョンの最初の一歩は自分の思考に気づくことだが、拡張の第一歩は感情に気づくことだ。恐れが体に湧き上がって来たら、それがどこにあるか、どんなふうに感じるかに注意を向けよう。

●ステップ２：感情を承認する

シンプルなひとり言によって現れた感情を承認する。感情が生まれたら心の中でつぶやく、「恐れに気づいたぞ」「恐れがやって来た」あるいは「恐れだな」等。こうしたしゃべり方は不自然だが目的は果たされる。私たちをある程度感情から引き離してくれるのだ。「恐れの感情がやって来たな」と「私は恐い」、あるいは「私は今恐れの感情に気づいた」と「私は怯えている」の違いに注意してほしい。「私は〜という感情に気づいた」や「〜の感情が現れた」という言い方は、私たちと感情は別のものだと気づかせてくれる。感情は一過性の出来事で、天候のように常に変化しながら私たちを通り過ぎていく。感情が、私たちが何者かを決めることもなければ、行動を支配することもない。

●ステップ3：感情に居場所を作る

感情に息を吹き込み、心理的に開いてやり、居場所を作ってやる。深い呼吸は私たちを現在につなぎとめる効果がある。呼吸を感情の内部やその周りに吹き込むと、それと対立することがなくなる。恐れは依然として存在する。だがそれに居場所を与えれば与えるほど、恐れの衝撃と力が私たちの行動に及ぼす影響は少なくなる。

●ステップ4：気づきを広げる（拡張する）

感情に居場所を与えてやるためには、私たちは世界に再び注意を向ける必要がある。この最終段階では、集中する能力を利用する。自分の感情に注意を払いながら、同時に周りの世界と接続するのだ。

以上がNAMEの要約だ。次は細かい部分を見ていこう。

始める前に、NAMEを使ってみるために、まず自分の恐れを見つける必要がある。第13章の価値に方向づけされた目標を見直し、恐れを呼び起こすものを探そう。そしてその目標に対して行動を起こすことを想像する。机に向かって本を書く、面接を受ける、あの人をデートに誘う、ビジネスローンを組む、あの講座を受講する、トーナメントに参加する、オーディションを受ける等。できるだけ生々しく想像しよう。この行動を起こしたら、手足をどう動かすだろうか？　何が見え、聞こえ、何に触れ、何を味わい、どんな匂いを嗅ぐだろうか？　それを想像しながら、何らかの恐れが頭をもたげてこないか見てみよう。

行動を想像するだけでは恐れが湧いてこない場合は、〝誓約する〟という方法がある。目標に近づくために、あなたが今日実行する小さな一歩、明日実行するもう少し大きな一歩は何だろうか？　それを実行すると誓おう。恐れはすぐに湧き起こるだろう。これもうまく行かない場合は、親しい誰かに誓約を宣言しよう。電話でもEメールでもよい。これはバーチャルに闘争・逃走反応を作り出す。早速、真剣にやってみてほしい。必要なだけ時間をかけて。そして恐れの感情を呼び起こすことに成功したら、次は……。

■感情に名前をつけ、手なずける

復習しておこう。NAMEはNotice（感情に気づく）、Acknowledge（感情を承認する）、Make space（感情に居場所を作る）、Expand awareness（気づきを広げる）である。

では、あなたの恐れを呼び起こしてそれに働きかけてみよう。

●感情に気づく

多くの人が恐れの気持ちを最も強く感じる部位は、喉、胸、腹部だという。だが実際は体のどの部分でも感じ得る。少しの間、頭から爪先まで自分の体をスキャンし、あらゆる恐れの感覚を検知してみよう。額には何を感じる？　目、顎、口、喉、首、肩、腕、手、胸、腹、骨盤、尻、そして足は？

次に、最も感覚の強い部分に注意を向けよう。思い出してほしい、人生は舞台劇で、舞台の上にはあなたのすべての思考がある。すべての感情、あなたに見える、聞こえる、触れる、味わえる、匂いを嗅げるものすべてが存在する。好奇心まんまんの科学者になったつもりで自分の体の特定部分にスポットライトを当て、その感覚を観察しよう。

心が「こんな感情は大嫌いだ」「こんなふうに感じるのは我慢ならない」「こんな感情は追い払わなければ」などと言い始めたら、それらのコメントに感謝するか、後ろで鳴っているラジオのように聞き流そう。それらの思考につかまった場合は静かにそれを認め、思考から離れ、再び観察に集中しよう。

感情がどこで始まりどこで止まるかを見てみよう。それは動いているか止まっているか？　体の表面にあるのか、それとも奥の方か？　感情の輪郭をなぞってみるとどんな形になっているか？　温度にも注目しよう。それはどの部分でも同じか、それとも熱い部分と冷たい部分があるか？　感情にともなう様々な要素にも注意を向けよう。脈拍、振動、ズキズキする感じ、圧迫感、温度や動き……。

自分の思考を次々に手放し、これらの感覚にスポットライトを当て、集中してみよう。好奇心を持ってそれらを観察しよう。古代の寺院の遺跡を発掘している考古学者になったつもりで。小さなことも見逃さないようにしよう。以前は気づかなかった新しい発見がないか見てみよう。

●感情を承認する

名前をつけて感情を承認するためにいくつかの単語を使おう。自分に言おう、「恐れに気づいたぞ」「恐れの感情が来た」「あ、恐れだな」（言葉は自由に入れ替えてよい。〝イライラ〟〝ストレス〟〝心配〟など）。

判断を加えずに行ってほしい。たとえば「ああ、またあのひどい感情が来たよ」と言ってはいけない。次のように自分に言い聞かせてもよい。「これは正常な感情だ。困難に遭遇したら誰でも感じることだ」。

●感情に居場所を作る

ゆっくり深い呼吸をする。まず息を吐く。肺の中の空気を吐き切る。完全に空になるまですべて出し切る。少しのあいだ空になった状態を保つ。次にゆっくりと、底の方から上まで空気を満たす。そして再び息を吐く。ゆっくり確実に、完全に肺を空にする。そして息を吸い込む時、それを自分の感情の中と、その周りに吹き込んでやる（この説明は理解しやすいように、好きなように解釈してほしい。基本的には自分の呼吸が感情の中と周囲に入り込んでいくところを想像する）。

感情に息を吹き込むと、自分の中に魔法のように大きな空間が広がるところを想像しよう。感情を追い払ったり、砕いたり押しつぶす代わりに、心を開いて居場所を作ってやるのだ。

その感情を好きになったり、欲したり認めてやる必要はない。そこに存在するのを許してやるだけでいいのだ（自分に〝心を開け〟〝居場所を作れ〟、あるいは〝あるがままにさせよ〟と言ってもよい。あるいはもっと長く、「この感情は好きではないし、望んでもいないが、居場所を作ってやろう」と言ってもよい）。

これらの感覚にスポットライトを当て、興味深く観察しよう。そして息を吹き込み続けよう。少しずつ心を開き、徐々に感情の周りの空間を広げてやる。忘れないでほしい。感情を追い払おうとしているのではない。それにスペースを作ってやるのだ！

周りを気にしなくていい場所にいるなら、手を感覚の部分に当て、手から体に伝わる温かさを感じてみるのもいいやり方だ。感情の周囲の力を抜いてほぐすことができるか見てみよう。まるで小さな赤ん坊か珍しい蝶、あるいは貴重な工芸品であるかのように、感情を優しくつかんでみよう。必要なだけやってみよう。最初は感情のためのスペースを作る感覚を得るのに数分間かかるかもしれない。だが練習するうちに数秒でできるようになる（体の他の部分の感覚が気になるようならそこでもこのエクササイズを行おう）。

●気づきを広げる（拡張する）

最後は気づきを広げるステップだ。それによって自分の感情に気づくばかりでなく、周りの世界ともつながる。言い方を変えれば、舞台劇の照明をすべてオンにするのだ。

感情にスポットライトを当て続けよう。そして体にも。腰掛けるか真っ直ぐ立って、腕、足、頭、首、肩に意識を向けよう。ストレッチをしてみるのもいい。体の感覚と恐れに同時に注意を向けよう。次に、自分の周りの世界にライトを当てよう。恐れの感情と自分の体への注意はそのままに、見えるもの、聞こえるもの、感触、味、匂いに意識を向けよう。こうするとさらに広い気づきを得られる。今やあなたは舞台劇の隅々まで見通せる。現在自分がしていることに集中できる。

ダンサーのサラを覚えているだろうか？　彼女が仕事の区分で選んだ価値は創造性、勇気、忍耐、官能、自分の体とつながること、そして巧みな技術だった。短期の目標はひたすら練習すること（ダンスだけでなく脱フュージョンのスキルも）。中期の目標はもっと多くのオーディションに参加する、長期の目標は一流のダンスグループに入ることだった。サラはオーディションを受け始めたが、最初は恐怖そのものだった。恐れが内側から湧き上がり、胃はむかついて喉元が締めつけられた。だが彼女はＮＡＭＥのテクニックを使い、恐れに居場所を作り、演技に集中した。そして何が起こったか？五つめのオーディションまでは、何の役ももらえなかった。しかし彼女はあきらめなかった。毎日の練習を続け、クラスに出席し、個人教授の費用まで貯金していた。そしてその間、失敗の思考からの脱フュージョンと、恐れのための居場所を作ることに熟達していった。六つめのオーディションで、彼女はついに有名な舞台の脇役を手にした。長期目標はまだ達成されていないが道のりは順調で、旅路の一歩一歩を自分の価値に沿って進んでいる。

■拡張のトラブルシューティング

この手のエクササイズを初めて行う場合、最初は難しく感じるかもしれない。他のスキルと同様、これも練習が必要だ。一日に何度かやってみることをお勧めする。恐れだけでなく、あらゆる難しい感情に対して使用できる。怒りや罪悪感、悲しみ、イライラ、フラストレーションなどにも使ってみよう。三〇秒から三〇分まで、練習時間は好きなだけ長くして構わない。練習すればいつでもどこでもできるようになる。会議の時、スポーツをしている時、ベッドの中で、オフィスで、口げんかしている時、トイレの中で、シャワーを浴びながら。四つのステップを一回の深呼吸の間に行うことだってできるのだ。だが同時に五つの落とし穴にも気をつけよう。

●1．隠された課題

拡張の目的は厄介な感情を追い出すのではなくそれらに居場所を与え、受け入れてやることだ。恐れを追い払うために〝広げる〟エクササイズをしているなら、それは回避モードということになる。そして今まで見たように、それはうまくいかない。困難に遭遇したら恐れを感じる、という数百万年の進化の結果は覆せないのだ。それどころか恐れを追い払おうとする行為はそれを増幅してしまう。

●2．コントロールという幻想

時には拡張のエクササイズによって恐怖がすぐに消えることがある。あなたはホッとし、リラックするだろう。こんな時は、感情をコントロールするやり方、恐怖を避けるうまい方法を見つけたと勘違いしてしまう。だがこの目的で拡張を使い始めると、再び回避モードに引き戻されてしまう。恐れが消えたり半減した時はもちろん喜んでよい。だがそれを期待してはいけない。それは単なるラッキーボーナスなのだ。期待するといつか失望する。

●3. 囚われる

心は役に立たないストーリーでいとも簡単にあなたをつかまえる。使い古された「私にはできない」「難しすぎる」「時間がない」あるいは「この感情は嫌いだ」という厳しい判断、「この感情を追い払いたい」という抗議など。こうした感情を押さえつけることはできない。それは無駄なことだ。通りを走る車のように、来るまま去るままにさせよう（拡張の前に脱フュージョンの説明をしたのはそのためだ。拡張を妨げるほど頻繁に感情に囚われるなら、もっと脱フュージョンの練習をしよう）。

●4. 忍耐

拡張は恐れを我慢することだと勘違いする人もいる。じっと耐える。ひたすら我慢し、そういうものだとあきらめる。これは全く的外れだ。拡張の目的は恐れを認めてやることだ。そしてそれは恐れを好きになることでも、求めることでも承認することでもない。単に居場所を与え、好きにさせてやることなのだ。

わかりやすくするために、あなたの背中に〝回避のダイヤル〟があると想像しよう。このダイヤルは0から10まで設定できる。10にすると完全な回避モードになる。あなたは感情を避ける、あるいは追いやるためにできることをすべてする。0は、この感情を望まず、嫌っている点は同じだが、追い払うための努力は一切しない。ダイヤルが0の状態を〝受容（アクセプタンス）〟、ダイヤルが5の状態を〝許容〟という。

〝許容〟は受容に向かってはいるが、まだそこまで到らない。自分が受容ではなく許容の段階だと感じても問題はない。初めてにしては上出来だ。もっと多くの練習が必要だと認識しよう。感情を完全に受容し、それと争わない状態は我慢することとはまったく異なる。

●5．目的を忘れる

私たちは拡張、つまり価値に生きるために難しい感情に居場所を作ることの目的をいとも簡単に忘れる。価値に導かれた豊かで満ち足りた人生を送りたければ、何度もコンフォートゾーンを出なければならない。だがそのたびに恐怖は襲ってくる。拡張は、恐怖と格闘することなしにそれを感じることができるようにしてくれる。私たちは、エネルギーをすべて価値に基づいた行動に振り向けられるのだ。

■次のステップへ

本章であなたは恐れを受け入れる方法を学んだ。それは次のようなものだ。

N……Notice　感情に気づく
A……Acknowledge　感情を承認する
M……Make space　感情に居場所を作る
E……Expand awareness　気づきを広げる（拡張）

次の章では、恐れの使い方と、恐れを自分の長所にする方法を見ていく。それはちょうどこんな感じだ……。

第16章　野生の馬を乗りこなす

農場のフロントポーチに足をかける。朝日の運ぶ暖かさが心地よい。腕を大きく広げて春先の爽やかな空気を吸い込む。と、あなたは視界の端に地平線の彼方の物体を捉える。かなり遠くのその物体は、ものすごい速さで近づいてくる。

目をこすってみる。夢を見ているのか？　いや、これは現実だ。建物に駆け戻り、双眼鏡をつかむと再び外に出る。レンズを目に当てると、巨大な野生動物が轟音と共に大地を進んでくる。真っ黒な体毛の下に力強い筋肉が波打っている。あなたの馬ではない。野生の種馬だ。馬はあなたの土地にいる。何をすべきだろう？

恐れは野生の馬に似ている。その強大なエネルギーを手なずければ大きな助けとなるが、扱い方を知らなければトラブルでしかない。馬の御し方を知らずに野生の馬に近づくことを想像してほしい。蹴られ、噛まれ、踏みつけられ、貴重な時間と労力を無駄にするだけだろう。だがもしあなたが〝馬と会話する人間〟（ニコラス・エヴァンズの小説に基づいた映画『ホースウィスパラー』〈邦題：モンタナの風に吹かれて〉からの言葉）だったら、彼らに近づくのはたやすい。時間をかけて手なずければ徐々に信頼関係がうまれ、最後には乗りこなすこともできるだろう。

私は馬についてはまったく知らないが、恐れの扱い方については詳しく知っている。あなたに〝恐れと会話する方法〟を伝授しよう。

■恐れと会話するためのＡＢＣ

恐れと会話するためのシンプルなＡＢＣが存在する。恐れが現れた時、それを受け入れる、友達になる、導く、の三つだ。

A……allow　受け入れる
B……be friend　友達になる
C……channel　導く

●受け入れる

野生の馬が走り回っているとしよう。その素晴らしい強さ、スピード、スタミナを手に入れたかったら、まず自分の牧場にいることを許してやらなければならない。恐れの場合も同様だ。

恐れは莫大なエネルギーを持っている。思い出してほしい。闘争・逃走反応は何億年も私たちの体の反応を司ってきた。恐れは反応を研ぎ澄まし、筋肉の緊張と意識を高め、私たちを強めてくれる強力な燃料のようなものだ。だがそれを積極的に扱おうとしなければ、使い方は分からないままだ。

前の章で、あなたは恐れの受け入れ方を学んだ。気づき、認め、居場所を作るあのやり方だ。では、受け入れた後、次に何をするか。

●友達になる

野生の馬を手なずけたいなら、牧場に置いてやるだけでは不十分だ。馬とポジティブな関係を築く必要がある。つまり、信用を勝ち取るのだ。それには何をすべきか？　私が映画で見たのは、まず馬に注意深く近づき、穏やかに優しく話しかけ、だんだん距離を縮めていき、美味しい餌を与え、嫌がらないようなら横腹をさすり、なだめるように優しく、あなたが敵ではなく友達であることを示すことだ。

注意：恐れを馬と比べる時、気をつけるべきことがある。馬は私たちに大怪我を負わせるか殺すことさえある。一方恐れはまったく無害で、最悪でも嫌な思いをするだけだ。それでもこの比較は分かりやすい。恐れを役立てたいなら許すだけでは不十分で、それと仲良くなる必要がある。こう聞くと心は反発するかもしれない。「でも恐れの感情なんて好きじゃない！」。安心してほしい、好きにならなくても大丈夫だ。あなたの近所に孤独な老人がいるとしよう。私は、その老人と友達になれば一〇〇億ドル支払うとあなたに提案する。ただしこの老人は少々変わった癖を持っている。腹を立てるとよく口汚くののしり、薄汚れた服装をして、自分の衛生状態にはまったく無頓着だ。だからあなたは彼があまり好きではない。だが一〇〇億ドルがかかっている。たとえ彼が嫌いでも、彼と友達になろうとするだろうか？　するに決まっている。何しろ一〇〇億ドルだ。

では恐れの場合はどうだろう？　恐れと友達になることで価値に生き、目標を達成し、最大限の力を発揮し、真の自信を育み、豊かで満ち足りた意味ある人生を送れるなら、あなたはそうしないだろうか？　たとえ恐れが嫌いでも。

恐れと仲良くなることは人間や馬と仲良くなるのと大して変わらない。友好的な関係とは、楽しさ、親愛の情、優しさ、信頼、協力、助力などを含む。難しそうだろうか？　そうかもしれない。だが是非トライして結果をみてほしい。

・恐れを優しく迎え入れる

少々奇妙だが、恐れに話しかけてみよう（ユーモアの精神が大事だ）。「やあ〝恐れ〟。訪ねてくれて嬉しいよ。中に入って楽にしてくれ。今日は何をしたいんだ？　ああそうか、僕の心臓をちょっとばかり鍛えたいんだな？　どうぞお好きに。鼓動をどのくらい速くできるか見てみようか。それとも胸をざわつかせたいのかね？　かまわないよ。僕の家は君の家だ」。

もちろんこうしたことは面接や演技の途中ではできない。現在の行動に集中できなくなってしまうからだ。だが挑戦する機会はたくさんあるだろう。車の中、ベッド、順番待ちの列に並んでいる時、テレビのコマーシャルの間、等。

・愛をもって恐れに接する

もしあなたが想像力豊かなら、恐れと握手したり、体の中に招き入れたり、その背中に優しく腕を廻したりするところを想像できるだろう。もし人目を気にしなくていい場所であれば、恐れの上に優しく手を置いてみよう。体でもっとも強く恐れを感じている場所に。そしてそれを優しく抱きしめ、ホッとする温かさを感じさせてやろう。

・恐れを信頼する

恐れの目的はあなたをやっつけることではない。恐れは目的を持って進化してきた。それは私たちが困難な状況を効果的に乗り越えるのを助けることだ。危険や恐れを警告し、必要とあらば次の行動の準備をさせてくれるのだ。恐れがなければ我々はとんでもないトラブルに巻き込まれるだろう。

・恐れと協力する

恐れと自分はひとつのチームだと認識しよう。恐れと戦ってはいけない。それはあなたをサポートするために存在する。それは困難な状況にあることを教えてくれる信号だ。「私の脳が困難を知らせてくれている。体が私に次の行動を取らせようとしている」と考えよう。恐怖は敵ではなくチームメイトなのだ。

・恐れの手助けをする

恐れはあなたに強さ、スピード、集中力、スタミナなどをもたらすよう進化してきた。恐れの仕事を手伝ってやろう。恐れのエネルギーを役に立つこと、意味あること、人生を豊かにすることに振り向けよう。それは次のことだ。

●導く

再び野生の馬を思い起こそう。あなたは馬を迎え入れ、友達になった。さて次は？　今度は馬に役に立ってもらおう。鞍を取り付けて乗りこなすのだ。

恐れも同じだ。あなたは恐れの存在を許し、仲良くなった。次はそれを有用な方向に導こう。恐れがどのくらいのエネルギーを与えているか、体にどれほどのアドレナリンを吹き込んでくれるか見てみよう。そのおかげであなたの全身は次の行動への準備ができる。前に言った通り、成功したアスリート、実業家、舞台役者、演奏家などは、困難に出遭った時、決して恐れという言葉を使わない。代わりに〝燃える〟〝高揚する〟〝盛り上がる〟〝張りつめる〟〝興奮する〟などと言う。これらの言葉は闘争・逃走反応のエネルギーの側面を表すものだ。

自分に尋ねてみよう。「このエネルギーをどう活用したらよい？　どの〝価値に方向づけされた行動〟に、このエネルギーを導けばよいだろうか？」。

もちろん恐れを役立てることができない状況もあり得る。たとえば初めてのデートで、静かなレストランかバーで話をしている時、このエネルギーの出番はあまりないだろう。そんな時は感情に居場所を与え、現在に集中するしかない。

だがエネルギーをうまく利用できる状況はたくさんある。スポーツをしている時や肉体的に活動している時、何かの演技をしている時などは、恐れからくるエネルギーを利用できる。

恐れを利用できるようになると、時に大きな恩恵が得られる。私は過去数年間、オーストラリアや米国、ヨーロッパで、観客一〇人から数千人規模の、様々な講演やセミナーを行ってきた。私は自信満々だったか？　ほとんどの場合はそうだった。始めたばかりの頃は全然自信がなかったが、現在までにさんざん場数を踏んだおかげで大抵の場合自信はある。だが初めてのテーマで話したり、新しいセミナーをする時は自信がない（何度も繰り返し行うまでは自信を持てるとも思っていない）。だが私は自信の行動をする。ステージに上がり、講演やセミナーを行う。もちろん行動に完全に集中している。

一つ大事なことがある。自信があろうとなかろうと、私はいつも恐れを感じている。驚いただろうか？　人間の基本的な生物学を思い出してほしい。私たちは大きな困難に遭遇すると、闘争・逃走反応を示す。つまり、何かについてどんなに自信に溢れていようと、状況が変わると私たちは恐れを感じるのだ。次のルールを思い出してほしい。

ルール2
真の自信とは恐れのない状態ではない。それは恐れとの関係が変化した状態だ。

講演やセミナーを始める前、私は恐れに居場所を作ってやり、深い呼吸をし、自分に対して言う。「OK、さあ行くぞ！　このエネルギーを行動に注ぎ込もう！」。恐れが去ったわけではない。だが恐れと私との関係性は変化している。それはもはや、許容し、折り合いをつけるべき存在ではない。自分にとって役立つものだ。それはエネルギーの爆発であり、私を勢いづけ、活力を吹き込み、能力を高めてくれる強力な燃料だ。

あなたも同じ経験ができる。恐れを導くことを常に考えよう。そしてそうした時に何が起こるか観察しよう。コツをつかむにはしばらくかかるかもしれないが、できるようになれば大きな効果を感じるだろう。しばらくすると、自分が〝恐れ〟や〝心配〟ではなく〝燃える〟〝高揚する〟〝興奮する〟などの言葉を使っているのに気づくだろう。恐れを利用するものが何もない時には、ただ場所を作ってやり、現在していることに完全集中しよう。

■次の段階

さて、パート4もそろそろ終わりだ。最後のパート5では、今まで見てきたこと、価値、目標、行動、脱フュージョン、集中、拡張をすべてつなげる。また自発性、困難の乗り越え方、能力を最大限に発揮するコツなども見ていく。とりあえずこの章では、自信のゲームに勝つためのルールをもう一つ追加して終わりにしよう。

ルール8
恐れと戦ってはいけない。それを受け入れ、仲良くなり、役立つ方向に導こう。

第5部

自信のゲームを始めよう

第17章　もやい綱を解いて出発だ

ジョー・シンプソンは体を引きずりながらベースキャンプに向かっていた。雪盲で視力が弱り、寒さで凍りつき、飢えと脱水状態に陥り、指は凍傷でボロボロだった。砕けた足は苦痛の一斉射撃に晒されていた。それでも彼をあきらめさせなかったものは何だろうか？

それはポジティブ思考でも、自己暗示でも、宇宙に願をかけたからでもなかった。彼を前進させた力は専心、勇気、忍耐、そして自己保存等の価値だった。ジョーは、生還の可能性が百万に一つもないことを知っていた。二人の登山パートナーは彼が死んだものと思っていたので、彼らがジョーを待ってベースキャンプで頑張っている理由はなかった。キャンプに戻るにはあと二日はかかる。その距離を歩けたとしても、彼らはキャンプを引き払っているだろう。第一、厳しい寒さにさらされ疲労困憊して到着する前に死んでしまう可能性が高い。

だがジョーにとって、あきらめるのは挑戦して失敗するよりも悪いことだった。彼は、わずかながらもチャンスがあることを知っていた。見込みは限りなく薄かったが、もしかすると彼のパートナーはまだそこにいるかもしれない。万に一つだが助かるかもしれない。

チャンスは考えられないほど小さいことをジョーは知っていた。あまりに可能性が低いので、極力考えないことにした。代わりに彼は次のように考えた。

もし挑戦を放棄したら、もし運命に降参して投げ出したら、間違いなく死が訪れる。だが前進している限りチャンスはある。ならば確実な死よりも生存の可能性を選択しよう。あきらめるよりも挑戦を続けよう。敗北よりも挑戦の決意を、自暴自棄よりも貫徹を選ぼう。見渡す限り雪と氷の荒涼とした大地に身を引きずり、絶望と恐怖と戦いながら、彼は一歩一歩を自分の価値、つまり勇気、専心、粘り強さ、そして自己保存の意志と共に生きた。自己に忠実に、持てる力をすべて発揮し、残酷な結末に抗いながら。

■価値だけでは十分ではない

ジョー・シンプソンの価値は極めて重要な役割を果たした。彼を鼓舞して前進させ、行動の指針を与えた。だが実は、真の自信と最高の能力発揮のためには価値だけでは不十分だ。思い出してほしい、価値はあくまでコンパスのようなものだ。方向を示してはくれるが、連れていってはくれない。私たちの旅は行動を起こさなければ始まらない。私たちは価値をもとに目標を設定する。そして目標をいくつかの行動に分割し、一歩一歩それに近づく。そして行動する時はマインドフルに、完全集中して行うことだ。ジョーの物語はこのプロセスを絶妙に表している。

ここで価値と目標について考えてみよう。価値とは私たちが支持するもの、長く続ける行動のことだ。目標は、私たちが得たい、達成したいものだ。ジョー・シンプソンの目標はベースキャンプに戻ることだった。彼の価値は勇気、自己保存の意志、決意、そしてベストを尽くすことだった。彼はゴールに到達したとしても、結局は失敗となる可能性が高いことを知っていた。だが激痛の歩みの中で、ジョーは自分の価値に生きた。

長い旅の初めに山の広がりを眺め、どれだけの距離があるかを見て取ると、彼は絶望した。それはあまりに遠くあまりに困難で、あまりに苦痛に満ちていた。彼には水も食料もなく、やり遂げる力も持ち合わせていなかった。そこでジョーは長期ではなく、短期の目標に集中した。この斜面の下まで行こう、この氷の橋の向こうまで行こう、雪を掘って寝床を作ろう、等。時には時間を区切ることさえあった。片足跳びで、三〇分で岩の柱の向こうまで行こう、三時間で湖までたどり着こう。

これら一つ一つの短期目標は行動を必要とする。腕と足を動かさなければどこにも行きつかない。この行動は楽ではない。這いずり、跳び、体をひねる度に彼はひどい苦痛を感じた。倒れた時は痛みで気を失うことさえあった。ジョーが時折この困難に圧倒されたのも無理はない。彼はあきらめ、雪の上に倒れて死を覚悟した。だがしばらくすると再び起き上がった。そして何度も何度も、価値に生き行動に完全集中することに再挑戦するのだった。『死のクレバス』の中にはマインドフルネスという言葉は出てこないが、そのコンセプトは彼の言葉で何度も語られている。たとえばこの旅の初め、彼は雪の急斜面を登らなければならなかった。ジョーは雪に斧を突き立て、両腕に力を込めて体をあずけ、よい方の足でジャンプし、砕けた足を引き上げた。

驚くことに、彼はこの動作に完全集中した。まさに驚くべき〝課題に焦点づけられた注意〟の例だ。彼はこの体験を次のように綴っている。「激痛が動作と一体になって襲ってきたが、それに注意を払わないようにし、とにかく動きに集中した」。想像を絶する努力だ。しかも零下の気温の中で汗まで流れ落ちた。それでも彼は動きを止めなかった。動き続けていると、苦痛は肉体的努力と一体化してきた。しばらくすると行為に没頭し始め、時間の感覚はなくなっていった。彼によれば「ジャンプして斧を突き立ててという動作に集中しているうちに、時の流れに気づかなくなっていた」。

ジョーの状況はあまりに極端であり、私たちはこんな経験とは無縁だろうが、この驚くべき物語から六つのことが学べる。

■ジョー・シンプソンから学べる六つのレッスン

●レッスン1

人生で大きな困難に遭遇した時、価値に沿って前進することができれば、少なくとも意味と目的を感じていられる。また、自分にとって必要なことをしていると自覚することで、満足がもたらされる。一方で、困難から逃げたりあきらめたりすれば、人生を無駄にした気がするだろう。一般的には、人生で本当に大切なものをあきらめ、追い求めるのを止めるのは挑戦して失敗するより悪いということになっている。

あなたの心は反論するだろうか？　私のコメントに反駁しようとするだろうか？　心は非常に賢い。断言しよう、心は目標をあきらめる方が幸福になれるぞと繰り返し説得してくる。それも当然だ。私が言ったのはあくまで一般論で絶対の原則ではないからだ。臨機応変に考えるべき原則だが、大事なことをあきらめるのは挑戦して失敗するよりも、健康や幸福、人生における満足度においてマイナスになる。偉大なる作家マーク・トウェインは言った。「今から二〇年後のあなたは、やったことよりもやらなかったことについて後悔しているだろう。ならば今、もやい綱を解いて安全な港から船出するのだ。貿易風を帆に受け、探検し、夢みて、発見せよ」。

●レッスン2

目標の達成が無理だと思える時でさえ、私たちはそれに向かって行動できる。それを達成できると信じる必要はないのだ。必要なのは行動だ。見込みがほとんどない中で、ジョーは目標を達成した。彼の状況に置かれたら、ほとんどの人は生還できないだろう。それが人生というものだ。ある時は目標を達成するが、ある時はできない。そして好むと好まざるとにかかわらず、結果を予想する術はない。ある時は成功間違いなしと思っていたことが失敗する。またある時はまずダメだと思っていたことが成功する。多くの自己啓発の師《グル》が、前進するためには成功を確信していなければならない、目標は必ず達成されると信じ込まなければならないと主張する。だがジョー・シンプソンの話はそれが事実ではないことを証明している。

●レッスン3

私たちが前進し続ける限り、どの一歩も旅の重要な一部分だ。

●レッスン4

意味ある方向に進むとしばしば不快な思考、感情、感覚が起こる。もちろん、ジョー・シンプソンが耐えた痛みや死の恐怖のようなものではない。それでも、私たちが価値に沿って行動する時、恐れや自己不信、不安は起こる。また、スポーツその他の肉体的な探究をする時、筋肉に負荷をかけると痛みの感覚が湧き起こる。つまり、人生で重要な目標を達成したいなら、不快感に居場所を作ってやる方法を学ぶべきなのだ。

●レッスン5

勇者は困難な状況の中でマインドフルになる。厳しい状況の中で効果的に行動したいなら、しているることに完全に集中することだ。ネガティブな思考や感情が浮かんでくるのを止める方法はないが、それとの戦いにエネルギーを費やすのをやめ、代わりに今すべきことに集中することはできる。片足跳びに完全集中することで、ジョーは想像を絶する痛みの中で前進できた。もし彼が絶望の思考とフュージョンしていたら生還することはなかっただろう。

●レッスン6

私たちは時々何かをあきらめる。ジョー・シンプソンが雪の上に横たわるたびに、死を迎え入れようとしたように。コミットメント（決意）とは、決してあきらめないこと、ぶれないことではない。

それは、あきらめたり考えを変えたとしても再び立ち上がり、砂を払い、再び挑戦することなのだ！　中国の偉大な哲学者、孔子は言った。「最も偉大な栄光は失敗しないことではない。失敗するたびに立ち上がることだ」。

■次はあなたの番

以上がジョー・シンプソンの物語だ。あなたの物語はどんなものだろうか？　どんな大胆な冒険に出かけるのだろうか？　どんな新天地を探検するのだろうか？　どんなリスクを冒すだろうか？　高い山を目指したり、化石を探索したり、人種差別体制と戦う必要はない。ブラインド・デートや書きたかった本の執筆、セミナーへの出席、皆の前でスピーチする、ダンスのクラスを受講する、絵筆を執る、面接を受けにいく、トーナメントに出場する、売り込みをしてみるなども大胆な冒険だ。ラジにとっての〝大胆な冒険〟は新しいレストランを開くことだった。サラにとってはダンスだった。クレアの場合は付き合いを広げることだった。クレオは男性とデートすること、セブは、妻と再びセックスをすることだった。

あなたにとっての大胆な冒険を作り上げるのはとても簡単だ。五つの基本ステップをたどればよいだけだ。

●ステップ1：分野を選ぶ

まず、愛、仕事、遊び、健康など人生の様々な分野の一つを選ぼう（まずは一つだけ選ぼう。四つの分野すべてに働きかけるのは大変すぎる。しばらくすれば他の分野にも集中できるようになる）。

●ステップ2：価値をはっきりさせる

選んだ分野について、あなたの価値を二分間考えてみよう。どんな人格を作り上げたいか？　どんな資質を伸ばしたいか？　どんな考えを支持したいか？

●ステップ3：目標を設定する

次はこれらの価値を参考に目標を設定しよう。今後数日間、数週間で達成できる短期目標は何だろうか？　数週間、数カ月の中期目標は？　数カ月、数年かかる長期目標は？

●ステップ4：行動を決める

重要な短期目標を一つ選ぼう。それを実現するために必要な行動は何だろうか？　最初のステップは？　今日それを始めるためにすべき、最も簡単な行動は何だろう？　どんなに小さな一歩でも構わない。

●ステップ5：動きだそう

さて、自分がすべきことが分かった。では動きだそう！　マインドフルに行動することを忘れないでほしい。役に立たない物語から自分を解放し、不快な感情に居場所を与え、自分が今すべき行動に一〇〇％集中しよう。

セブは次のように行動した。彼が選んだ分野は〝結婚生活〟。重要な価値としたのは愛すること、官能的で親密になることだった。長期の目標はかつてのように妻と日常的にセックスをすること、短期の目標は肉体的な愛情表現をすることだった。中期では、セックスをする準備ができるまで、マッサージ、互いに自慰行為をする、オーラルセックスをするなどの親密な肉体的行動を発展させていくこと、だった。

セブがとった最初の小さな行動は、ベッドで妻を抱きしめること、自分の腕でしっかり彼女をかき抱くことだった。これは彼のコンフォートゾーンから大きく外れた大胆な行為だった。過去数年間というもの、セブは妻を抱きしめる行為がセックスに発展していくことを恐れ、ベッドの自分の側に留まっていた。だがセブはすべての恐れを脱フュージョンし、自分の胃や胸、首に留まった恐怖に居場所を与え、抱擁に集中し、一体となった二人の体から湧き上がる温もりと心地よい感覚に全神経を傾けた。こうして一歩一歩、セブと妻はかつてのセックスライフを取り戻していった。セックスをするまで約四カ月かかったが、待っただけの価値は十分あったと二人は語っている！

次はあなたの番だ。あなたの〝大胆な冒険〟は何だろうか？

■まだ十分な自信が持てないよ！

もし心が、行動を起こせるほどの自信が持てない、と言ってきたら、とりあえず感謝し、ゴールデンルールを思い出そう。

まず自信の行動をせよ。そうすれば自信の感情はあとからついてくる。

自信を感じられるまで大胆な冒険を棚上げしていたら、それは永遠に実行されない。コツは、とにかく冒険に出発し、価値を指針にしてマインドフルに旅を進めることだ。たとえその行動が自分の望み通りでないとしても。これは自信の行動の一つの見本になるだろう。

あなたはすでに、自信のなさをひきおこす五つの原因に効果的に対処するツールを持っていることを覚えておいてほしい。

1. 過剰な期待：これには脱フュージョンと集中によって対処できる。完全主義的な欲求から自由になり、今すべきことに集中しよう。

2. 厳しい自己評価：カギはやはり脱フュージョンと集中である。自己評価（ポジティブもネガティブも）から逃れ、自己受容（セルフ・アクセプタンス）を高める。自分の能力についての心のつぶやきから脱フュージョンし、現在の行動に集中する。

3. 恐れに囚われる：これには拡張、脱フュージョン、集中が必要だ。恐れの感情に場所を空けてやり、失敗、否定、最悪の事態の物語から逃れ、今完成すべき物事に意識を集中する。

4. 経験不足：必要なのは価値、拡張、決意の行動だ。コンフォートゾーンから出て行動する以外に、新しい経験を積む方法はない。価値とつながり、恐れに場所を空けてやり、前に進もう。

5. スキルの不足：これにも価値と拡張、決意の行動が必要だ。粘り強さ、没頭、〝最大限の努力〟などの価値を使って自分を鼓舞しよう。退屈、フラストレーション、恐れ、肉体的な苦痛など、起こりうる不快感すべてに居場所を与え、自分のスキルの向上に必要なことをすべてやってみよう。その時、自分にとって正しいスキル、本当に役に立つスキルを選択しよう。多くのビジネスマンやスポーツ選手が自分をごまかし、簡単に手に入るスキルの練習はするが、難しいけれど自分を次のレベルに引き上げてくれるスキルには手をつけない。

以上、自信に関してもっとも重要なスキルを列挙したが、実際のところこの本に出てきた手法はすべてのケースに利用できる。自信をじゃまするものが何であれ、解決のカギはマインドフルネス、価値、そして行動だ。役に立たない思考から脱フュージョンし、不快な思考に場所を空け、価値によって示される行動をし、現在の自分の行動に完全集中する。ＡＣＴにひっかけて覚えよう。

A……Accept your thoughts and feelings　自分の思考と感情を受け入れる
C……Choose a valued direction　価値が示す方向を選ぶ
T……Take action mindfully　マインドフルに行動する

もうお分かりだろう。大胆な冒険に出発し、旅の途中で自信を生み出すために必要なものはすべて揃っているのだ。そして〝真の自信〟、つまりあなたがどんな気分だろうと、自分の価値に従って行動する能力によって、恐怖に囚われている時でさえ自分を信じて大事な行動ができるのだ。

ここで一〇秒間、心の声に耳を傾けよう。

＊＊＊＊＊

あなたが感情をコントロールする魔法の杖を期待していたなら、あなたの心は文句を言うだろう。〝真の自信〟についての私の定義も気にくわないかもしれない。それはまったく正常な反応だ。私たちの心は自分のやり方を通したがる。そしてそうならないと文句を言いたがる。ここでも心に意見を言ってくれた礼を言い、次の質問を考えてみよう。

■人生の選択

あなたに人生の選択をしてもらおう。二つの選択肢が用意されている。

●選択１：あなたは今後、自分がその気になった時、気力が充実した時、いい気分の時しか自分にとって重要な行動は起こせない。言い換えれば、死ぬまでこの星の上で、運命の言いなりになるということだ。機嫌がいい時、気分がいい時しか、生きていく上での重要な行動はできない。ムードが落ち込み気分が良くない時は、重要な行動はあきらめなければならない。再び気分が良くなりポジティブになるまで人生は棚上げになる。

●選択2：あなたは今後、気分の良し悪しに関わらず、人生における大事な行動をする。いい気分だろうと落ち込んでいようと、元気があろうとなかろうと、楽観的だろうと悲観的だろうと、穏やかだろうと不安だろうと、リラックスしていようと怯えていようと、やる気があろうとなかろうと、自分にとって本当に重要な行動をし続ける。感情に人生を支配させるのではなく、疲れていたり不安な時も、あまり気乗りがしない時も、自分の理想とする人物のようにふるまい、したいことをする。

あなたはどちらを選ぶだろうか？

1を選ぶなら、悪戦苦闘の人生になるだろう。時間と努力、お金などを感情のコントロールに注ぎ込み、大事なことには使えない。

2は成功と満足の人生への処方箋だ。自分の周りの成功者をよく観察してみよう。成功した人は皆こちらを選んでいる。一流のスポーツ選手、芸術家、舞台俳優やダンサー、演奏家、政治家、ビジネスマンの伝記を読んでみると、そのことがはっきり分かるはずだ。彼らの特長は、いつも気分よく、ポジティブで楽観的でやる気とエネルギーに満ちている、といったものではない。彼らに共通しているのは、気分が良くても悪くても、浮いていても沈んでいても、たとえ試練の時でも、喜んでやり通すことだ。恐れ、疲れ、絶望、惨めさに苛まれていても、彼らは価値に従って行動する！

2を選ぶとちょっと面白いパラドックスが起こる。私たちが感情のコントロールをあきらめ、価値に従って現在の行動に集中すると、おまけのようにいい気分が起こってくる。より健康に、幸福に、穏やかになる傾向が現れるのだ。だが忘れないでほしい、これはあくまで価値に基づいた生き方の副産物、素敵なボーナスで、得ようとするものではない。

マインドフルで価値に基づいた生き方の目的は、豊かで満ち足りた、意味ある人生を作り上げることだ。その過程で起こる痛みを受け入れながら。

2を選んだなら、行動するのは今だ。訓練は終わった。働きかける分野を選び、価値を明確にし、目標をいくつか設定し、行動を起こし、今していることに集中する。早速次のステップを決め、動きだそう。

これだけ背中を押されても動き出さないなら、ひとつ明らかにすべきことがある。それは……。

第18章　あなたを押しとどめているものは？

■ただ待っているだけの場所

人々の列は無限に延びていた。連なっている人間の姿は遠くにいくほど霞んでいき、最後は地平線まで続いている小さな黒い点になった。

人々の行列の左側に、立ち往生しているバスがあった。乗客は生気のない目つきで窓の外を眺めている。バスの前に置かれたソファには奇妙な服を着た人と、一風変わった鳥がすわり、所在なげに組んだ手の親指をくるくる回している。誰もが何かを待っている。一人の男は机に突っ伏してじっと時計を凝視している。若い女の子が決して湯が沸くことのないポットを眺めている。なにやら威厳のありそうな役人が決して鳴らない電話を見つめている。

一体ここは？　これはドクター・スースによる素晴らしい絵本、『きみの行く道』（河出書房新社／原題 *Oh, the Places you'll Go!*）に描かれた〝ただ待つ場所〟である。ドクター・スースはユニークな作風で、この〝もっとも意味のない場所〟が〝ただ待っているだけ〟の人々で溢れている様子を描いている。彼らが待っているのは、何でもかんでもすべてのことだ。電車、バス、飛行機、天候が変わること、魚が食いつくこと、郵便、果ては髪の毛が伸びることまで。彼らは人生を小休止し、待っているものが手に入るまで動く気がない。惨めに見えるのも当然だ。

私たちも時々、ただ待つだけの場所で身動きが取れなくなることがある。その気になる、自信が持てる、あるいは時が満ちるまで、自分にとって本当に重要なことを棚上げするのだ。これはある意味、しかたがない。結局のところ私たちはスーパーヒーローではない。私たちをそこから脱出させ、大活躍させてくれる魔法のボタンがあればどんなにいいだろう。だが事はそんなに簡単ではない。

誤解しないでほしい。私は、多くの人が本書で紹介した方法を使って劇的な進歩を遂げるのを目の当たりにしてきた。私が言いたいのは、誰もが時に行き詰まる、ということだ。最も成功している政治家、音楽家、俳優、芸術家、スポーツ選手、ビジネス界のリーダーでさえ〝ただ待つ場所〟で足止めを食う時がある。そうなった時、自分を責めても何の助けにもならない。ますます泥沼にはまり、惨めになるだけだ。そこから抜け出したいなら自分を縛りつけているものが何かを知る必要がある。

■何が私たちを束縛するのか？

私たちを押しとどめているのは何か？　自分の価値に沿って行動するのを邪魔しているのは？　答えはＦＥＡＲだ。fear（恐れ）ではなく、以下の頭文字を取ったものだ。

Ｆ……Fusion　フュージョン（融合）
Ｅ……Excessive goals　大きすぎる目標
Ａ……Avoidance of discomfort　不快感の回避
Ｒ……Remoteness from your values　価値との乖離

一つずつ検討してみよう。

●フュージョン

心は私たちをとらえるための狡猾な方法をたくさん用意しており、本書ではすべてを説明しきれない。だが主なもののいくつかは解説している。完全主義、厳しい自己評価、最悪の予想、昔の失敗の反芻、そして「私にはできない」「私では能力不足だ」などというささやき。心は言い訳を作り出す機械だ。そして直面する困難が大きいほど、機械が吐き出す言い訳リストも長くなっていく。なぜ私にはできないか、それをすべきでないか、こんなことしなきゃならないなんておかしい……。こうした思考は一度脱フュージョンしてしまえばまったく問題ではなくなる。だがフュージョン（融合）している限り、それらは障害になる。何かにはまり込んだ時は自分に尋ねよう。「私はどんな物語とフュージョンしているんだろう？」。

●大きすぎる目標

設定した目標があなたの持つリソース（時間、資金その他の環境）では間に合わないものであれば、あなたは失敗する。目標がエベレスト登頂なら、多くの時間とお金、体力、登山技術、そして社会的サポートが必要になる。これらがなくては話にならない。自分に尋ねよう。「この目標は高過ぎないだろうか？　あまりに多くをあまりに早く達成しようとしていないだろうか？」。

●不快感の回避

コンフォートゾーンから一歩踏み出すと何が起こるだろう？　不快感だ。それは様々な形で現れるが、一般的なのは恐れ、心配、神経質、自己不信、不安などだ（もちろん、不快感は人間が発する〈ＥＭＩＴＳ〉あらゆる体験、感情〈Emotion〉、記憶〈Memories〉、映像〈Images〉、思考〈Thoughts〉、感覚〈Sensations〉などを含む）。不快感に居場所を作ってやらなければ、あなたは間違いなく〝ただ待つだけの場所〟にはまり込む。そして、待っていれば〝正しい〟思考と感情が自然に現れると信じながら、ただひたすら待ち続けるのだ。そうならないためにも自問しよう。「私はどんな思考と感情を避けようとしているのだろう?」「私はどんな不快感と戦っているのだろう?」。

●価値との乖離

ところで、なぜわざわざコンフォートゾーンから抜け出し、不快な思考と感情を生み出す行動をするのだろう? 価値は動機をもたらす。もし価値を明確にしなければ、動機もなくなってしまい、私たちは行き詰まる。そもそも、後々人生を豊かにしてくれるのでなければ、どうしてわざわざ不快な行動をする気になるだろうか? 何かに行き詰まったら自分に尋ねよう。「私が忘れている価値、無視している価値、あるいはそれと矛盾した行動をしている価値は何だろうか?」。

ここでFEARのテクニックを使うことによって、行き詰まりをチャンスに変えることができる。行き詰まりが洞察や自己意識を高め、心の中の障害物を発見できるのだ。それらが分かれば、私たちはあることを理解できる。それは……。

■行き詰まりを打破する方法

FEAR(恐れ)の特効薬はDARE(大胆さ)だ。それは以下の頭文字をとったものだ。

D……Defusion 脱フュージョンする
A……Acceptance of discomfort 不快感を受け入れる
R……Realistic goals 現実的な目標を設定する
E……Embracing values 価値を大切にする

●脱フュージョンする

あなたを捕えているものが何か分かったら、それに気づき、名前をつけ、中和することができる。心のコメントに感謝し、心がささやく物語に名前をつける。ラジオ・トリプルFは鳴るがままにしておこう。思考は葉っぱの上に載せて流そう。あるいは好きな歌のメロディーにのせて歌おう。心の動きをすぐに捉えよう。「ああ、また〝言い訳の物語〟だ！」「〝私には出来ない〟の物語か！」そして、自分のしていることに完全に集中しよう。思考は表を行く車のように通り過ぎるままにしておこう。

●不快感を受け入れる

あなたはすべきことに手をつけるために、不快感に居場所を作ってやれるだろうか？「出来ないよ、失敗する」という心の声に、喜んで居場所を与えてやれるだろうか？胸のつかえや早鐘の鼓動、汗ばむ手を気にせず、そのままにしておけるだろうか？恐怖や怒りの感情、苦痛の思い出、あるいは未来についての不安な予想に場所を空けてやれるだろうか？出来ないならば、あなたはコンフォートゾーンにはまり込んでいる。それならばこう考えるといいだろう。苦痛のない人生など存在しない。だがどんなタイプの苦痛を経験するかは選択できる。停滞の苦痛か、成長の苦痛か、だ。

もし成長を続けたいなら、コンフォートゾーンを広げたいなら、新しいことに挑戦し、新しい地平を切り開き、人生を勇敢な冒険の旅に変えたいなら、成長の痛みは避けられない。成長の痛みは様々だ。失敗の恐怖、拒否される恐怖、ミスをする恐怖、時間を無駄にする恐怖、お金を失う、誰かに仕返しされる、恥をかく恐怖、などなど。だがそうした痛みを感じるのは偉大な冒険のために力を尽くしているからだ。能力を最大限に発揮するためにそれらに場所を空けてやる。これらの痛みは生きる上での活力、意義、目的意識、そして個人の成長、人生を精一杯生きようとする時に必ず現れる。

これと反対なのが停滞の痛み、コンフォートゾーンに留まる痛みだ。この選択は大きな代償を要求する。個人的には私は〝コンフォートゾーン〟という呼び方はやめるべきだと思っている。それは私たちのエネルギーを消耗させるものなのに、居心地のよいカフェか美容スパのような印象を与えるからだ。もっとふさわしい名前は、〝行き詰まりゾーン〟〝停滞ゾーン〟〝ゾンビ・ゾーン〟〝半分死んでるゾーン〟〝チャンスを逃すゾーン〟〝人生制限ゾーン〟〝失われた機会ゾーン〟〝時間の無駄ゾーン〟〝今まで通りの馬鹿げたゾーン〟〝人生棚上げゾーン〟それとも単に〝ただ待っているゾーン〟がいいかもしれない。成長の痛みと同様、停滞の苦痛も大きな恐れをともなう。失敗への恐れ、拒否への恐れ、ミスをする恐れ、報復される恐れ、恥をかく、チャンスを逃す、そして人生を無駄にする恐れだ。しかも、そこには活力も意味も目的もなく、冒険や個人的成長とも無縁だ。

ならばあなたはどちらの痛みを選ぶだろうか？　人生を目一杯生きるための苦労を受け入れるか？そうする場合、体の中のどんな感覚に居場所を作ってやる必要があるか？　頭の中のどんな言葉や映像に場所を空けなければならないだろうか？

●現実的な目標を設定する

目標が自分の持つリソースを超えるものである場合、選択肢は二つある。一つは、その目標はひとまず置き、それに必要な能力を得ることを目標とする。たとえば必要なリソースが時間だとしたら、新しい目標はスケジュールを見直すことだ。時間を作るために、何をあきらめ何のための時間を減らすだろうか？　必要なリソースが肉体的な健康なら、それを得るために何ができるだろう？　もし足りないのがお金だとして、どうやってそれを稼ぐか、貯めるか、あるいは借りるだろうか。社会的サポートが必要なら、新しい目標は人とのつながりを作ることだ。問題が自分の力不足にあるなら、目標は能力を高めることだ。必要なリソースが手に入ったら、最初の目標に戻ればよい。

もう一つの選択肢は自分の持つリソースにあった目標に設定し直すことだ。もっと小さく、簡単でシンプルなものにする。もちろん、現実的な目標を設定する際にはよく注意しなければならない。心はすぐに私たちの能力不足を主張してくるからだ。ジョー・シンプソンが、目標を達成するのに必要なリソースがない、という物語とフュージョンしていたら、彼はあきらめ、雪の積もった荒地で死んでいただろう。だがジョーは賢かった。ベースキャンプに戻るという目標は、真剣に考えるにはあまりにも大き過ぎた。自分にそれだけのリソース（食料、水、機材、強さ、時間）があるとは到底信じられなかった。だが一方で、彼は諦められなかった。諦めれば死が待っているのは確実だったからだ。そこでジョーは目標を小さく区分けした。この斜面を降りきる、この大きな石を乗り越える、など。一つ一つなら成し遂げられるリソースを彼は持っていた。

目標があまりにも巨大で達成不可能に感じられる時には非常によい戦略だ。それは例の古いジョークのようなものだ。「象を食べるにはどうすればいい？」「一度に一口ずつ」。たとえば私が机に向かっていて、目標が本を書くことだとすれば、ハードルの高さに圧倒されてしまうだろう。〝本を書くこと〟が最終目標だが、まだ一文字も書いていない段階ではほとんど不可能に思えるだろう。なので、私が机に向かう時の目標は通常、〝一時間執筆する〟だ。あるいは二時間でも三時間でもよい。小さい目標は達成が容易に思える。パソコンの前に一時間すわり、その間たった五〇語しか書けず、しかもそれらがまったくのゴミだったとしても一時間執筆するという目標は達成されたのだ。こうして時間を積み重ね、編集し、書き直し、再び書き直し、本は少しずつ完成に近づいていく。

目標が自分の持つリソースを上回っていると感じた時は、こう自問するといい。〝目標にほんの少しでも近づくために、私が今後二四時間でできるもっとも小さく、シンプルで簡単なステップは何だろう？〟

●価値を大切にする

大きな視点に立った時、あなたにとって大切なものはなにか？　どんな人生を生きたいか？　どんな人間になりたいか？　どんな価値観を持ちたいか？　折に触れてこれらの価値を見直し、それについて考え、道案内に使おう。困難な状況に追い込まれた時、自分が支持している価値を思い出そう。生きる指針にしている価値について考えよう。

これらの価値が自分にとって重要なら、それに従って行動するだろうか？　答えがイエスの場合、あなたが行うシンプルな行動はどんなものだろうか？（もし自分の目標が自分の基本的価値と矛盾するなら、目標を変更しよう！）。

■再び神話の嘘を暴く

モチベーションと自己啓発の分野でもっとも役に立たない神話は次のものだ。〝目標を達成できると一〇〇％信じ込まなければならない〟。このルールに従う人々は、自ら苦しみを作り出している。なぜか？　目標が大きく困難なほど、達成を一〇〇％信じ込むなど不可能だからだ。疑いを持つのは当然だ。この星でもっとも成功している人々でもそうだ。重要な目標はすべて達成できると信じるような利己的で傲慢な人間は、遅かれ早かれ大きなショックを受けるだろう。どんなに才能があり、情熱的な人間でも失敗を避けることはできないからだ（第20章はこれについての章だ）。

さいわい、提案書を提出する際、必ず契約が勝ち取れると信じ込む必要はない。誰かをデートに誘う時、確実にイエスの答えを貰えると信じる必要もないし、競技会にエントリーする際、必ず勝てると信じなくてかまわない。そうなる可能性があることが分かっていれば十分だ。たとえそれが小さなものでも。可能性を認識してさえいれば、次のルールに従って行動できる。

ルール7
成果に囚われるな。プロセスに情熱を注げ。

■現実のギャップ

〝現実のギャップ〟、つまり、私たちが望む世界と現実にギャップがある時、苦痛が生じる。そして二つのギャップが大きいほど苦痛も大きくなる。ギャップが小さければ、失望、フラストレーション、心配、後悔、退屈、罪悪感、イライラなどの感情ですむ。だがギャップが大きい場合、自暴自棄、苦悩、怒り、恐怖などが起こる。

最も苦痛な現実とのギャップは、自分にとって大切な目標がまったく実現不可能となる時だ。たとえば、刑務所での服役や重い精神疾患の過去がある場合、就けない職業はたくさんある。また、重篤な不治の病や体の障害などがある場合もできないことは多い。少なくとも現代の科学では。

ここでマインドフルネスと価値の出番となる。心を開き、苦痛の感情に場所を空け、それが地獄のような苦しみであることを認め、自分自身に優しく寛容になる。そして自分に尋ねよう。「このギャップを抱えて、自分はどんな考えを支持したいか?」。どれほどの痛みを持っていようと、私たちは選択しなければならない。人生をあきらめることを支持するか、それとも価値に従って生きることを支持するか。幸福と活力を得るためには、どちらを選択すべきか言うまでもないだろう。

一九九六年四月二八日、タスマニアで〝ポート・アーサーの虐殺〟と呼ばれる銃乱射事件が起こり、三五人が犠牲になった。今から二年前、私はこの運命の日に妻と小さな娘二人を失った人物、ウォルター・ミカックの講演を聞きに行った。それは胸が張り裂けそうな、しかし感動的なものだった。彼が経験した恐怖を語っているあいだ、涙を流さない者は誰一人いなかった。そして誰もが、ウォルターのメッセージに心を動かされた。彼は、過去を変え、自分の家族を生き返らせることが不可能であることを理解していたが、それでもこの悲劇から何かポジティブなものを生み出そうと必死だった。そしてついにそれを成し遂げた。彼はオーストラリアの銃規制法の厳格化に大きく寄与しただけでなく、暴力の犠牲になった子供たちのための慈善団体、アラナ・アンド・マデリン財団（彼の二人の娘の名にちなむ）も立ち上げた。

これはまさに、巨大な現実のギャップを抱えながらも自分の価値に従って生きている輝かしい例だ。自分の目標がまったく不可能なものである場合、それを認め、痛みに場所を空けてやり、同時に自分の価値を指針としよう。自分に尋ねよう。「一〇年後に人生のこの時期を振り返って、自分は現実のギャップを抱えながら何を支持し、どんな価値に生きたと言いたいだろうか」。次に、それらの価値に基づいた新しい目標を設定しよう。そして痛みは痛みとして持ちながらその目標を追求するのだ。

■コンフォートゾーンを出入りする

私たちは人生を通して何度も、コンフォートゾーンに閉じこもる。ある時は短時間、ある時は何年も。だが、私たちが完全な存在になるのは不可能だが、進歩は可能だ。自分がコンフォートゾーンに閉じこもった時すぐに気づけるようになり、脱出するのも早くなる。そしてより長い時間前進し続けられる。ＦＥＡＲとＤＡＲＥのテクニックが助けになるだろう。この二つをしっかり覚えてほしい。カードに書き出し、財布に入れて持ち歩いてもいい。心に浸透するまで繰り返し思い出そう。頭で理解するだけではいけない。行動に移すのだ。そうすれば莫大な配当が得られる。特に、ある厄介なものを避けることができる。それは……。

第19章　モチベーションの罠

不可能なことをやってのけられると主張する人々に会ったことはあるだろうか？　私はそういうクライアントに頻繁に遭遇する。彼らはたとえばこんなことを言う。「私は行動したいのですが、やる気がまったく起きないんですよ」。

あなたが死人でない限り〝やる気が起きない〟という状況はまったくあり得ない。どんな行動も、何らかの動機に基づいている。行動は、常に何かを達成しようとしているのだ。椅子に座って姿勢を変える、トーストを食べる、ハエを追う、自転車に乗る、スピーチをする、化石を掘る、天気についてコメントする、誰かに「塩をとって」と頼む、社交行事をキャンセルする、病欠の電話をする、ジムに行くのを延期する、ソファで眠り込む等、すべての行動にはその奥に隠れた意図、目的があるものだ。たとえ私たちが意識していなくても、そこには何らかのモチベーション（動機）がある。

実際、私たちは常に複数のモチベーションを持っているが、自分の行動の奥底にあるそれらの影響をすべて意識で知ることは不可能だ。だが主なモチベーションの認識に上達することは可能だ。

先に進む前に言葉の意味をはっきりさせておこう。〝モチベーション〟は、何かをしたいという欲望のことで、それ以上でもそれ以下でもない。それはしたいことをするパワーをくれる魔法の薬ではない。単なる願望だ。分かりやすく説明するために、私とクライアントとの会話を紹介しよう。彼をネイトと呼ぼう。ネイトはサッカーをするのが大好きだった。だが彼は練習に来なかったので、チームから追い出されかけていた。私たちは以前にネイトにとっての主な価値を確認していた。健康を保つ、サッカーのスキルを磨く、チームメイトをサポートする、試合でベストを尽くす、などだ。

ラス：練習に行かない理由はなんだい？
ネイト：やる気が起きないんだ。
ラス：なるほど、では行かない時は何をしている？
ネイト：まず、仕事から帰ると疲れ切っているんだ。何もする気にならない。
ラス：で、何をする？
ネイト：大体ソファに寝っ転がってテレビを見るね。
ラス：では、ある晩、私がソファで寝ている君に電話して言ったとしよう。「おいネイト、腰を上げてサッカーの練習に行けよ」。君は何と答える？
ネイト：たぶん「ほっといてくれ！」かな。
ラス：なるほど。では少し落ち着いてきて、まだ電話を切っていなかったら、練習に行かなかった理由をどう説明する？
ネイト：疲れているから。
ラス：で、テレビを見てる方がいいと？
ネイト：そう。
ラス：ソファに横になってテレビを見たい気持ちはサッカーに行きたい気持ちより強いんだね？
ネイト：（少々言い訳がましく）練習には行きたいんだよ。でもあんまり疲れているから。
ラス：君を非難しているように聞こえたならお詫びしよう。君を批判するのが目的じゃない。君がもっと自分の助けになる視点から自分の行動を観察できるようにしてあげたいだけだ。そうすればそこから学べるし、行動も変えられる。それが君にとって大事であればだが。分かるかな？

ネイト：うん。

ラス：ではちょっと考えてみよう。大事なのは、行動には必ず目的があるということだ。練習に行くかわりにソファに横になってテレビを見ることの目的は何だろうか？

ネイト：リラックスすることかな。

ラス：つまり、短期的にはいい気分が味わえ、練習に行く億劫さが避けられるということ？

ネイト：そう。

ラス：でも長い目で見ると、それは君が望む人生じゃない。サッカーの技術は錆びつくし、体もなまる。そしてしまいにはチームから追い出されるだろう。

ネイト：そうだね。

ラス：つまりこういうことかな？　君にはモチベーションがない訳ではない。ただ、健康を保ち、技術を磨き、チームメイトをサポートし、試合でベストを尽くすというモチベーションよりも、面倒を避けて短期的に楽をしたいというモチベーションの方が勝っているだけのことだ。

ネイト：……なるほど。そういう見方はしなかったな。でもそうだ、その通りだよ。

ラス：いい方法がある。私の体験を話すので、それが自分に当てはまるかどうか考えてほしい。当てはまらなくても構わない。私と同じ意見である必要はない。私の経験では、人が「私はやる気が起きない」と言う時、本音は次のようなものだ。「それは私にとって重要で、やりたいことなのだが、気分がよく、ハッピーで、ポジティブで、やる気満々でエネルギーに溢れ、自信がある時、その気になった時でなければ行動を起こさない。疲れていたり眠かったり、気怠かったり、心配や恐怖、不安がある時、その気になれない時は何もしない」。もしかして君もそうかな?

ネイト:(沈黙の後)うん、認めたくないけど、まあそうかな。

■モチベーション対コミットメント(決意)

ネイトは多くの人々と同様、モチベーションとは主として感情だと考えていた。何かをしたいと思う時、ポジティブでエキサイトし、情熱的な時、張り切ってやる気満々の時、人は〝モチベーションがある〟という。逆にいい気分でない時は、〝モチベーションがない〟という。だが残念ながら、モチベーションと感情を同一視している限り私たちは行き詰まる。なぜか? 〝行動を起こす前に良い気分にならなければいけない〟という罠に引き込まれてしまうからだ。もうお分かりのように、それをすると確実に〝ただ待つだけの場所〟に閉じ込められてしまう。

しかし、モチベーションは欲望であると理解すると、行動を変えるのはずっと簡単になる。複数の欲望を素早く比較し、どれが私たちの選択を動機づけているか見極める。特に、不快感を避けたい欲望と、価値に従って生きる欲望を区別することは大事だ。モチベーションによって、進む方向はまったく違ってくる。回避ばかりの人生は、価値によって導かれる人生よりもはるかに実りが少ない。

とはいえ、不快感を避けたいという欲望を消し去ることは不可能だ。それは人間の基本的な本能だからだ。だが、それに居場所を作り、価値に従って生きるのを選択することは可能だ。そのためにはまず考え方を変えねばならない。視点をモチベーションからコミットメント(決意)に変えるのだ。

非常に分かりやすい例がある。私が本を出版して以来、多くの人がやってきて自分も本を出したいのだが、と言う。だが、机に向かって本を書いた人は本当にわずかだ。これはモチベーションが足りなかったわけではない。彼らは皆、本を書きたいという願望を持っていた。彼らに欠けていたのはコミットメント（決意）だ。彼らには必要なことを喜んでする覚悟がなかったのだ。

ほとんどの場合、彼らを押しとどめているのは自信のギャップだ。彼らは行動を起こす前に、まず自信が生まれるのを待っている。そして知っての通り、それでは人生は回らない。本書をここまで読んだなら、ゴールデンルールを心で理解しているだろう。だがダメ押しにもう一度繰り返そう。

ルール1
まず自信の行動をせよ。そうすれば自信の感情はあとからついてくる。

〝モチベーションのギャップ〟は自信のギャップと非常に似ている。私たちは行動を起こす前にモチベーションが高まるのを待つ。そこで、ゴールデンルールに少し手を加えよう。

「まず決意の行動をせよ。やる気はあとからついてくる」

私自身、本書を執筆しながらこれを何度も心から実感した。取りかかる時はいつも、自分を執筆に駆り立てなければならなかった。私は指を無理やりキーパッドに叩きつけ、一つずつ単語を絞り出した。あごはこわばり、胃はむかつき、心が叫んだ。「これは全くのゴミだ！」。放り出したいという思いは抗し難かった。この不快感を逃れ、短時間の快楽を与えてくれることはたくさんあった。だが私は自分の価値、創造、自己表現、人を助けること、困難への挑戦、コミュニケーション能力の向上に立ち戻り、書くことに専心し続けた。それでも時々、これは過酷な仕事に感じられた。

その頃の私が感銘を受けたのがトマス・ハリスだった（血縁ではないが）。ベストセラー、『羊たちの沈黙』（新潮文庫）の著者である。彼は執筆を五〇フィート（約一五メートル）の溝を掘ることにたとえている。そんな私だが、執筆に夢中になるととてもいい気分になった。気分が高揚し、舞い上がり、自分の書いたものに興奮した。これから分かることは、私の感情は自分のコントロール外にあるが、行動はコントロールできるということだ。

ゴールデンルール〝まず行動せよ、感情は後からついてくる〟は誰にもメリットのある方法だ。なぜか？ 価値に沿って行動すれば、より豊かで満ち足りた人生を創造できるからだ。そしてその後、自分の望む感情が現れたら、それは素敵なボーナスだ。誰でもいい気分になるのは好きだ。だがそうした感情が現れなくても――現れるという保証はない――私たちは価値に従って、人生を意味あるものにする行動ができるのだ。

では、ここで一〇秒間、心の言うことに耳を傾けよう。

＊＊＊＊

心は反論してきただろうか？ 「いい気分が現れるかどうかは保証できないって、どういうことなんだ？」と言うかもしれない。

だが残念なことにそういうものなのだ。正確には、ゴールデンルールはこう言うべきだ。「まず自信の行動をせよ。自信の感情はたいていあとからついてくる。だが必ずというわけではない」。これは単純に現実を認めたものだ。感情よりも行動の方がずっとコントロールしやすい。だが心はこのことを認めたがらない。なので私の言葉を鵜呑みにせず、次のシンプルな思考実験で試してほしい。

私があなたの頭に銃を突きつけて、あなたが今まで一度もしたことのない行動を迫ったとしよう。たいまつでジャグリングをする、一輪車に乗る、空中ブランコで回転をする等だ。あなたはやるだろうか？ 恐らくやるだろう。あまりうまく行かず何度も失敗するだろうが。一輪車でバランスが取れず、たいまつを空中に留めておけず、空中ブランコで前転もできない。だが銃を突きつけられていては続けるしかない。では、私が自信を感じながら練習せよと言ったとしよう。それは可能だろうか？

無理だろう。だからゴールデンルールでは〝まず行動せよ〟というのだ。

■自制心と意志の力

〝モチベーションがない〟の物語には二人の親戚がいる。〝私には自制心がない〟と〝私は意志が弱い〟の二人だ。心はすぐにこれらの物語で私たちを捕え、この二つを自己達成的な予言にしてしまう。心は、この世に〝自制心〟あるいは〝意志の力〟といったものが存在し、それさえ手に入れば自分にとって本当に重要な行動ができる、という幻想を生み出す。この幻想は日々の言葉によってさらに強められる。「早起きして毎朝ジムに行くには〝自制心〟が必要だ」などと聞くと、まるで世間に自制心という魔法の薬が存在し、これを飲むまでは早起きしてジムにいくことは不可能だとさえ思えてくる。私たちがこの夢物語を信じると、二つの問題のどちらかに遭遇する。

●問題1：魔法の薬探しの旅に出かけてしまう。今すべき行動をする代わりに、本を読んだりセミナーに参加して意志や自制心を強くしようとする。

●問題2：魔法の薬は手に入らないと考え、大切なことをあきらめてしまう。自分には十分な自制心・意志の力がないと思っているからだ。

ここではっきりさせておこう。まず魔法の薬はこの世にない。魔法の化学薬品も、ホルモンも、遺伝子も存在しない。また、脳には自制心・意志などという部位も存在しない。これらの言葉は単なる記述のためのラベルに過ぎない。それらは〝決意の行動〟を表現する言葉だ。あの人には自制心、あるいは意志の力がある、と言う場合、その人物が日頃から自分の価値に従って行動し、目標を実現するために必要な行動をしていることを意味する。たとえそうしたくない気分の時でさえ。繰り返すが、〝まず行動があり、感情はあとから生まれる〟のだ。まず、現在の感情に関係なく、自分の価値に沿った行動をする。そしてそれが習慣化したら、私たちは、自制心や意志の力を手に入れたように感じるだろう。

■そっと近づく罠

心が私たちを引っかける方法がネタ切れになることは絶対にない。いくつかの引っかけの手段はさらに巧妙だ。モチベーション、意志、自制心の欠如の物語は特に私たちを引きつける。だがそれらも結局、〝私にはできない〟〝私は力不足だ〟の変形なのだ。

この次、心が〝私にはモチベーションがない〟と言う時、そんな状態はあり得ないことを思い出し、その思考から逃れよう。そして行動の原動力となっている欲望を見つけ出す。それは不快感を避け、ほんのちょっとの間いい気分になることをする欲望（回避の欲望）だろうか？　それとも自分の価値に従い、長い目で見て自分の人生を豊かにする行動への欲望（価値の欲望）だろうか？

そして自分に尋ねよう。「もしこの欲望に自分の行動を支配させたら、人生は自分が望む方向に行くだろうか？」。

最後にもうひとつ自問しよう。「たとえやる気が起きなくても、私は自分の人生を豊かにしてくれる行動をするだろうか？」。

その答えがイエスなら、ACT（行動）しよう。自分の思考、感情を受け入れ（Accept）、価値に従って方向を選択し（Choose）、マインドフルに行動（Take action）するのだ。

答えがノーの場合、あなたはあるものを解放する必要がある。それは……。

第20章　セルフ・アクセプタンス（自己受容）の力

ＮＢＡのウェブサイトに載っているマイケル・ジョーダンの経歴には、「マイケル・ジョーダンは史上もっとも偉大なバスケットボール選手とされている」とある。

ジョーダンが一六歳の時、高校のバスケットチームに入部できなかったという事実は信じがたい。だが、彼が長く厳しい練習をし、翌年入部を許されたことは納得できる。最初に拒否された時もジョーダンは前向きだった。以下は彼の言葉だ。

俺は生涯で九〇〇〇回以上のショットをミスっている。負け試合はほとんど三〇〇に近い。決勝シュートを任され、失敗したのは二六回だ。俺は人生で何度も繰り返し失敗している。だから成功したのさ。

――マイケル・ジョーダン

つまり、何かに上達しようとするなら山ほどミスをしなければならないということだ。

私たちが未知の海域に深く入り込むほど、うまくいかないことも多くなる。失敗するのが好きだという人を私は知らない。だが失敗と戦わず自己成長のチャンスだとして受け入れるなら、素晴らしい結果が得られる。これは多くの成功者が語っていることだ。

ＩＢＭの社長トーマス・ワトソンは「成功の秘訣は何か」という質問に対し、「失敗の比率を二倍にすることだ」と答えている。

大戦を乗り切った偉大なリーダー、ウィンストン・チャーチルは、「成功とは、情熱を失うことなしに失敗を積み重ねることだ」と語っている。

米国の哲学者、ジョン・デューイはこう表現する。「失敗は有益だ。真に思考する人は、成功からと同様、失敗からも多くを学ぶ」。

だが、頭で理解していても、現実世界ではそうも行かない。なぜか？　失敗するのは不快だからだ！　前に〝現実のギャップ〟というものについて説明した。私たちが望む理想と現実とのギャップが生む苦痛のことだ。現実のギャップが大きくなればなるほど苦痛の感情も強くなる。そして失敗は、私たちを直ちにギャップの中に落とし込む。それはひどい苦痛だ。肉体の痛みとほとんど変わらない。私たちが恐れるのは当然だ。

ご存じの通り、人間は不快な感情を嫌う。そして失敗の苦痛を避けるために、何かをやめたり始める前から諦め、代わりにもっと簡単で困難の少ないことをする。私たちは安心感を得るが、それは長くは続かない。しばらくすると心はやめたことを責め始める。あるいはコンフォートゾーン特有の感情である、重苦しさ、空虚さ、停滞感などに囚われる。

ではどうすればよいのか？

■失敗との関係性を変えよう

私が知る限り、失敗との関係性を変える方法は三つある。一つめは、失敗が人生の日常茶飯事であることを常に思い起こすことだ。その手の話を集めておくと助けになる。たとえば以下のような。

●ウォルト・ディズニーの最初のアニメスタジオ、アイワークス・ディズニー・コマーシャルスタジオはわずか一カ月で倒産している。
●オプラ・ウィンフリーはボルチモアのＷＪＺテレビのニュースアンカーの仕事をクビになっている。局は彼女に「君はテレビに向いていない」と言ったという。
●アルベルト・アインシュタインはチューリッヒ連邦工科大学への入学を希望するが入試に失敗する。
●スティーブン・スピルバーグは南カリフォルニア大学の演劇・映画テレビ学科を三回受けるが、成績がC平均とふるわなかったため拒否されている。
●マイクロソフトの創業者、ビル・ゲイツとポール・アレンの最初のベンチャー企業は Traf-O-Data 社といった。交通の流れを分析する会社だったが、惨めな失敗に終わった。
●エイブラハム・リンカーンは最初のイリノイ州下院議員選挙で大敗した。その後、彼は雑貨屋を始めるがそれも数カ月で失敗する。

気に入った名言を集めるのも助けになる。以下は私のお気に入りだ。作家に関連が深いからだ。

●書くことは馬鹿になること、そして失敗することだ。

——ピーター・ケアリー　国際的ベストセラー作家

●どんな作品でも初稿はゴミだ。

——アーネスト・ヘミングウェイ

私がコンピュータにかじりついている時、心に〝お前の書いているものはひどい〟と言われたら、この二つを思い出すことにしている。私は愚かになること、ミスを犯し駄作を生み出すことを自分に許している。私は頭の中に住む、私が書くものはすべて傑作でなければならないと主張する非道な独裁者から脱フュージョンする。そして自分に、これはあくまで初稿であり、編集と書き直しを加えれば良くなるはずだと言い聞かせている。

二つめの方法は、失敗は正直なフィードバックであると考えることだ。何かに失敗することは、自分のやったことがうまく機能しなかった結果の反応に過ぎない。電球を発明したトーマス・エジソンがまさにこの態度を貫いていた。何年も実験の失敗を積み重ね、いくつもの電球が爆発し、立ち消え、あるいは最初から光らなかった。そして彼は有名なセリフを残した。「私は失敗したのではない。うまくいかない方法を一万通り見つけただけだ」。

こういう態度でいれば、失敗は学びの自然な一部だということがさらに理解できる。それはうまくいかなかった方法を検討し、もっといいやり方を考えるよい機会である。ヘンリー・フォードはこうも言っている。「失敗は、もっと知的なやり方で再挑戦する機会をくれる」。

三つめの方法は第12章で紹介したルールに従うことだ。

ルール6
真の成功とは、自分の価値に沿って生きることだ。

このルールに従ってゲームを進めるなら、価値に従って行動する限り、たとえ目標を達成できなくても成功となる。

たとえば私は、机の引き出しの中に未発表の小説を四つ抱えている。目標達成がすべてだと考えると、これらは皆失敗である。出版という最終目的を果たしていないからだ。だが価値の視点から見るとこれは成功だ。執筆の最中、私は創造性、自己表現、個人的成長という価値に沿って生きていたからだ。

私の小説で出版されたものが一冊ある。〝Stand Up Strummer（立ち上がれストラマー）〟というセックスコメディーだ。よい批評をいくつか貰ったが本はあまり売れなかった（ある新聞は〝男版ブリジット・ジョーンズ〟とさえ言ってくれた）。

本が出版されたのだから成功だろうか？　それともあまり売れなかったから失敗だろうか？　価値に焦点を当てた考え方からすると、こうした質問は無意味だ。大事なのは次の点だ。私は価値に従って生き、その過程はなかなか困難だったがやりがいがあり、幸福だった。

だから、私にとってこれは成功だ（もちろん最終的な結果には失望した。世界的ベストセラーになり、コリン・ファースやレネー・ゼルウィガー主演でハリウッドで映画化されていれば大喜びしただろう。だが偉大なる師《グル》、ミック・ジャガーも歌っているように、〝欲しいものがいつも手に入るとは限らない〟のだ）。

■失敗から立ち直る

私たちが行き詰まり、しくじり、ミスを犯して道から外れたとき、心は棍棒を振り上げて私たちを打ち据える。そのうえ心はそれがいいことだと主張する。「お前のためなんだよ」「もっと強くなれ」。あなたに質問したい。自分を鞭打つことが行動を変える良い方法ならば、あなたは現在までにパーフェクトな人間になっているはずではないか？　今までに何回、自分を鞭打っただろうか？　それはあなたに健康で持続的な変化をもたらしただろうか？

次のことわざを聞いたことがあるだろう。「ロバに荷物を運ばせたかったら、棒を使うかにんじんを使うかだ」。ロバを棒で打って嫌々ながらあなたの意思に従わせることもできるが、新鮮なにんじんを鼻先にぶら下げ、ロバが荷物を運び終わった後、褒美としてそれを与えることもできる。どちらの方法でもロバを働かせることは可能だが、いつも棒に頼っていれば惨めで不健康なロバが出来上がる。だがにんじんを使うなら、健康で幸せなロバになるだろう（夜目も素晴らしく利くだろう）。

人間の心は様々な棍棒を持っている。あなたの心はこんなことを言うだろうか？「この間抜け！」「負け犬！」「腰抜け！」「こうなることは分かってたよ」「自分は何故こうも愚かなんだ？」「何一つうまくやれない」「自分がどんなに無能か証明したようなもんだ」「これは不公平だ、皆にはこんなこと起こらないのに」「僕は何かおかしいんだ」「私なんて無価値だ」「何でこんなに大変なんだ？」「アホだ、あまりにもアホだ！」「なぜこんなことをやったのか分からない」「どうしてこんなことばかり起こるんだ？」「自分には才能がない」「時間の無駄だ」「私は弱い」「何もしなければこんなことにはならなかったのに」「まったく馬鹿げた考えだ。最初から失敗する運命だったんだ」「俺はどうしようもないな」。

心は時に、棍棒を他の人に向けることさえある。そうなると私たちは〝他人を責めるゲーム〟に引き込まれる。「彼が、彼女が、あいつらがあんなことさえしなければ、こんな状況にはならなかったのに。あいつらのせいだ！」だが誰のせいにしようと一つ確かなのは、そんなことをしても失敗の痛みを受け入れたり、経験から何かを学んで成長する助けにはならないことだ。

■失敗から立ち直る技

失敗から立ち直るには六つの基本ステップがある。

●ステップ1：逃れる

心の辛辣なコメントに気づき、名前をつけ、中和する。自分に言う、「ああ、またやっつけに来たな！」あるいは「おっと、また〝負け犬〟の物語か！」「また心が僕を打ち据えようとしてるな」「惨めな失敗の思考がやってきたな」。通りを走る車のように、こうした思考が現れ、去るままにしておこう。〝ラジオ・フェイリアー（失敗）〟がうしろで鳴り響いていても、心のコメントに感謝し、自分の現在の行動に完全集中しよう。

●ステップ2：場所を空ける（スペースを作る）

痛みの周囲に場所を空けてやる。体に起こる苦痛の感覚を観察し、それに息を吹き込み、その周りにスペースを作る。人目を気にしないでよい場所であれば、一番痛みを感じる場所に手を当て、〝痛みを優しく包む〟のもいいだろう（過去何年も、私は数多くの〝タフガイ〟、警官、消防士、兵士、一流スポーツ選手にカウンセリングをしてきた。彼らは最初このやり方に尻込みしたものだ。彼らにすれば男らしさに欠けベタベタした感じだったのだろう。だが嫌々ながらやってみると、それは非常に役に立ったという）。

●ステップ3：自分に優しく接する

自分をひどく責めると、長い間には健康とバイタリティーを損なってしまう。あなたは打ちすえられた惨めなロバになってしまうだろう。スポーツやビジネスの世界でよくある〝グダグダ言うな〟的なマッチョな態度も長い目で見ると役には立たない。巨大な苦痛にもめげず努力をやり遂げる本当の〝メンタル・タフネス〟は、セルフ・アクセプタンス（自己受容）、自分への優しさ、そして基本的価値に常に忠実であることによって育まれる。失敗から立ち直り前進したいなら、自分に優しく接する必要がある。

愛する誰かがあなたと同じような状況にいて、あなたと同じ感情を持っていたら、どう接するだろうか？　断定的に「もっと頑張れ」「泣き言を言うな」「すべて身から出た錆だ」と言ったら、相手の気分を害するだけでなく、容赦のない批判的な言葉は二人の関係を傷つけるだろう。

一方、「済んだことを嘆いても仕方ない」「どの雲にも銀の裏地がついている（どんな悪いことにも良い面がある）」「一つのドアが閉じたら別のドアが開く」「ローマは一日にしてならず」「すべての経験はあなたを強くしてくれる」などと言ってポジティブ思考で対処しようとしても、相手はイライラするか悲しむか、がっかりするだけだろう。なぜか？　こうした超ポジティブな、何とかしろ、シャンとしろ、前進しろ的な態度には共感と思いやりが欠けているからだ。こうした態度は相手の苦痛を理解していないか、そんなものどうでもいいと考えているように思える。

あなたが尊敬や優しさ、思いやりを持って相手と接したいなら、失敗がどんなに苦痛かを心底理解するのはもちろんだが、ほかにどんな優しい、思慮深い言葉をかければよいだろうか？　いい考えが浮かばないなら、これはどうだろう？「こういう時、どんな苦しみを味わうかは僕も知ってるよ。君の痛みを取り去ってあげられればいいんだけどそれは無理なことだ。でも分かっていてほしい、僕はずっと君のそばにいるよ」。同じようなことを自分に言ってみよう――真の優しさをもって。そして考えてみよう。自分にしてやれる、優しく思いやりに溢れた行動はないだろうか？（ヒント：ステップ2でやった、痛みに手を当てるやり方は、自分にしてやれる大きな思いやりの行為だ）。

●ステップ4：うまくいったことに感謝する

自分自身に向けた優しさの行動の一つは、自分の行為でうまくいった部分を認め、感謝することだ。試合や面接、キャンバスに絵を描くこと、子供の扱いなどにおいて、あなたがどんなにヘマをしたとしても、そこには必ずそう悪くない面があるだろう。そしておそらく、かなりうまくいったこともあるはずだ。それがどんなにささいなことだろうと、進歩といえる部分についてあなたはどう反応しただろうか？　まあまあだったことやうまくいった部分をどう扱っただろうか？　リスクを冒し、新しいことに挑戦した事実をどう評価しただろうか？

こうした努力を認め、感謝しよう。自分がした正しいことはちゃんとねぎらおう。自分を勇気づけるには絶対必要なことだ。心による辛辣な批判や自己評価から逃れるだけでは不十分だ。私たちは自分の努力に積極的に感謝すべきなのだ。特に目標を達成できなかった時は。これをすると、有能なコーチとはどういうものかがよく分かる。無能なコーチはうまくいかなかった事柄にフォーカスし、厳しく批評する。優秀なコーチはまずうまくいったことを見つけ、それに感謝する。次に、うまくいかなかった部分を批判を交えず敬意をもって認め、それを学びの機会にする。

●ステップ5：役に立つものを見つける

失敗の中から役立つものを見つけよう。「これから何を学び、成長できるか？」と自問しよう。この次、よりよい結果を得るためにどこを改善できるか？　すべての失敗は、どんなものであっても学びと成長のチャンスだ。たとえそれが脱フュージョンと拡張の上達だけだったとしても。大切なのは失敗を過小評価し、否定し、矮小化せず、大事に扱い、それを役立てることだ。

●ステップ6：自分の態度を明確にする

自分に尋ねよう。「現実と理想とのギャップに対してどんな態度をとりたいか？」。あなたはあきめることも、人生を豊かにする方向を目指すこともできる。どんな価値とともに生きたいか？　忍耐、学び、勇気、順応性、革新性、創造性、自己成長、それとも他のものだろうか？　これらの価値を自分の行動の指針にしよう。自問しよう。「今から一〇年後、自分のしてきた行動を誇り、満足するために、今何ができるだろう？」。そしてマインドフルにその行動をしよう。

行き詰まったり道を外れたり、やる気を失ってしまったら、毅然と（だが優しく尊敬の念を持って）、自分がすべき行動と、その理由を思い出そう。ジョー・シンプソンは、ベースキャンプに戻るための過酷な旅の間、これを繰り返し行った。彼は著書『死のクレバス』の中で、この思考パターンを〝あの声〟と呼んでいる。絶望的で勝ち目のない思考に囚われながら、彼は生き延びるためにすべきことを教えてくれる〝あの声〟を聞く。〝立ち上がれ、進め、止まるんじゃない〟。私たちも、優しく毅然と、尊敬の念をもってすべきことを教えてくれる内なる声を育てることができる。〝続けろ、学べ、成長しろ〟。

■キーポイント：失敗から立ち直る六つのステップ

1. 役に立たない思考から逃れる
2. 苦痛の感情に場所を作ってやる
3. 言葉でも態度でも、自分に優しく接する
4. うまくいった点を認め、進歩した部分を評価する
5. 学び、成長することに役立つ何かを見つける
6. 価値に従って行動することで自分の態度を明確にする

ここで、自信のゲームの新しいルールだ。

ルール9
失敗は苦痛だ。だが私たちが喜んでそこから学ぶなら、それは偉大な教師になる。

このルールを使う時は自分を十分に励ますことが必須となる。自分に優しく、うまくいった事実を認め、経験から学び、成長し、自分の価値に再接続する。このステップがなければ失敗は単なる面倒ごとでしかない。だが前向きな自己啓発の態度があればすばらしい結果が待っている。それは……。

第21章　どんどんよくなっていく

●「君は秘書の仕事を探すか結婚した方がいいよ」。ブルーブック・モデリング・エージェンシーのディレクターは、駆け出しのモデルだったノーマ・ジーン・ドハティ、後のマリリン・モンローにこう言い放った。

●「まず歌手を変えるべきだな。BBCは彼のようなタイプは嫌うだろう」。ローリング・ストーンズの初代マネジャー、エリック・イーストンはバンドの演奏を見たあと、ミック・ジャガーについてこうコメントした。

●「彼らのサウンドは今ひとつだな。それにギター音楽はもう下火だよ」。一九六二年、デッカ・レコードはこう断言してビートルズを拒否した。

●「女性の首相が生まれるにはあと何年もかかるでしょう。少なくとも私の生きている間はありえない」。一九七四年、マーガレット・サッチャーはこう語った。彼女がイギリスの首相になる五年前のことだ。

こうしたコメントが教えてくれるのは、私たちは未来を予想できないということだ。何が起こるか誰にも分からない。忍耐力と勇気、そして学びと成長を受け入れる姿勢によって、私たちは自分も含め、誰も予想しなかったことを成し遂げる。

私はモチベーションの師《グル》になって「心から打ち込めばあなたは何でも成し遂げられる」などと言い出すつもりはない。私に言わせればこういう考えは馬鹿げている。だがあなたにじっくり考えてもらいたいことが一つある。

本書を通して私は多くの刺激的な人々を紹介してきた。彼らの考え方、目標、行動の計画は様々だったが、彼らに共通している価値が少なくとも二つあった。粘り強さと自己成長の意識だ。

粘り強さとは、問題や困難にめげることなく意志を貫く姿勢だ。

自己成長とは、自分を磨き強くしようとする、あるいはスキルや能力を高めようとすることだ。

こうした価値に沿って生きると決めると多くの収穫がある。すべての目標を達成したり、夢を実現できるとは限らないが、自分にとって大事な行動を大きく向上させることはできる。私が本を書き始めたのは二三歳の時だ。そして三九歳になるまでに五冊を書き上げた。それらは一冊も出版されなかった。六冊目の本『幸福になりたいなら幸福になろうとしてはいけない――マインドフルネスから生まれた心理療法ACT入門』（筑摩書房）は、四〇歳の誕生日の少しあとに出版された。この暗い時期、道を見失い意気消沈し、書くことに嫌気が差していた私を前に進ませたのは、粘り強さと自己成長についての価値だった。四冊を出版した今でさえ、「お前の書いている本は退屈でオリジナリティーがない」とか、「この本は売れないよ」などという心の批評や予想に囚われる。また、アイデアが出なくて壁に頭を打ちつけたり、言葉が浮かばなくて困ったりもする。こうなった時、私は自分を救い出してくれる価値に頼る。自分にこう問う。〝執筆のスキルを向上させることは私にとって大切か？〟〝困難を前にして頑張ることは私にとって大事か？〟

質問の答えはいつもイエスだ（そして私はいつも気分がよくなる。自分の価値を確認するのはとても役に立つ）。そして私は自問する。「今後、乗り気でない時や、心がそんなものくだらないと言った時でさえ、私は喜んで書き続けるだろうか？」。二〇回のうち一九回はイエスだ。これだけで私は再びPCに向かい、本を完成させようとする（二〇回に一回は不十分な時がある。そういう時は何か他のことをする。だが少なくとも私は自分に正直で、言い訳などしない）。

では一〇秒間心の声を聞こう。

＊＊＊＊＊

本書をここまで読んできて、様々な反応があると思う。〝そうそう、全くその通り〟という心もあれば、大声で反対する心もあるだろう。一番よくある反論は「確かにその通りだけど、僕はそうした価値を持っていない。粘り強さや自己成長に価値を認められないんだ」というものだ。だが価値の素晴らしいところは今この瞬間にそれを選択できることだ。今までの人生で粘り強さや自己成長を価値としてこなかったとしても、今から始めることは可能だ。以前よりももう少し頑張ってみる、ほんのちょっとでも進歩しようと努力することはできる（もちろんこれらの価値を選ぶ必要はない。だがそれらがもたらす恩恵が欲しい時は、いつでも選択できる）。

価値のもう一つの美点は、それが決して消え去らないことだ。それは常に存在し、私たちを待っている。そして私たちはいつでもそれらに基づいて行動できる。もちろんしないこともできる。私たちが道を外れ、価値について数週間、数カ月、数年間忘れていたとしても、そうしたくなったらいつでも価値に戻ることができるのだ（覚えておいて欲しい、これだけが成功への近道だ）。

ネルソン・マンデラやランス・アームストロング、ジョー・シンプソン、そしてマーティン・ルーサー・キングのような人々の持っていた価値は様々だ。だが私が粘り強さと自己成長を強調したのは、それが彼らの自信のゲームで重要な役割を果たしたからだ。合衆国第三〇代大統領、カルヴィン・クーリッジは言った。「持続力に取って代われるものはこの世に存在しない。才能でさえ代わりはできない。才能があっても成功していない人間はどこにでもいる。それは天賦の才でも代われない。何の結果も出せない天才ほどありふれたものはない。教育も持続力に取って代わることはない。教育を受けながら何一つ成さない人間は世界に溢れている。持続力と決意こそが全能なのだ。〝ひたすら続けよ〟というスローガンは人類の問題を解決してきたし、これからもしていくだろう」。

■重要な価値

ちょっと一息。自信のなさの原因は次の五つ、過剰な期待、厳しい自己評価、恐れに囚われる、経験不足、スキルの不足だ。あなたが既に高いスキルを持ち、それが課題をこなすのに十分であれば、自信の欠如は他の四つから来ている。だがもしあなたのスキルが課題をこなすのに不十分なら、まずそれを何とかすべきだろう。最後にもう一度、自信のサイクルを見てみよう。

今まで何回このことを言ったか覚えていないが（キレそうであれば大声で叫んでもらってかまわない）、何かに上達したければ練習しなければならない。だが私たちは皆忙しい上、練習には時間がかかり不快感も伴うので、人はこれを避けようとする。持続力と自己成長が役に立つのはここからだ。これらの価値とつながると、たとえ気が進まない時でさえ、私たちは正しい方向に進むことができる。私たちはいつでも思い起こせる。〝自己成長の機会がやってきたぞ〟。あるいは自分に語りかけられる。〝持続こそ成功のカギだ！〟。

もちろんこの言葉通りでなくて構わない。自己成長のもっと一般的な言い方は〝個人の成長〟だろう。持続力のもっと一般的な言い方は〝専念〟や〝決意（コミットメント）〟〝決心〟〝全力を尽くす〟〝一層の努力〟などだ。

練習はこの上なく大切だがそれだけでは十分ではない。磨いたスキルを効果的に使用しなければならない。それはつまり、自分の感情に居場所を作ってやり、自分自身を思考から解放し、目の前の課題に完全集中することだ。

最後に、行った後に結果を判定し、必要であれば行動を変えることだ。だがこれは言うは易しというやつで、うまくやるためにはあるものが必要だ。

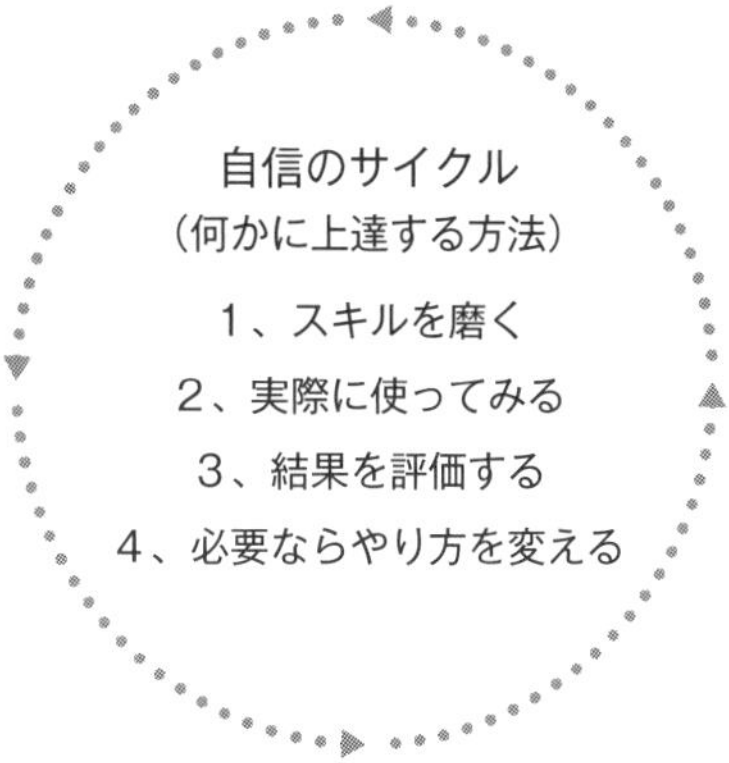
自信のサイクル
（何かに上達する方法）
1、スキルを磨く
2、実際に使ってみる
3、結果を評価する
4、必要ならやり方を変える

■セルフ・アウェアネス（自己意識）

セルフ・アウェアネスには三つの主要な要素がある。

1. マインドフルネス
2. 内省
3. フィードバック

これらをざっと見ていこう。

●マインドフルネス

何かを学びスキルを向上させるには、思考、感情、行動についての習慣的なパターンに気づく必要がある。マインドフルネスはこれを可能にしてくれる。自動運転によってさまよう代わりに、私たちは好奇心をもって、心が告げる物語や、困難に出遭った時の感情、自分の習慣的行動パターンに注意を向ける。こうした情報につながるほど、変化も起こりやすくなる。

●内省

自分の思考、感情、行動についてのマインドフルな気づきは私たちに貴重なデータをくれる。そして次のステップは、自分の行動を〝有効性〟の点から検討する、つまり、自分のしていることが望む生き方をする助けになっているかを見ることだ。これは可能な限り批判を交えずに行うのが望ましい。自分自身や自分の能力に、〝無意味〟〝ひどい〟〝無能〟〝役に立たない〟などの判定を下すのは、学びと成長の役には立たない。やる気を失わせるだけである。だが私たちには、心がこうした辛辣な批評・批判を生み出すのを止めさせる術はない。それは心が大好きなことの一つなのだから。しかし、こうした思考から繰り返し自分を解放し、表を行く車のように無視していることはできる。

内省の能力を育てるために、自分に三つの質問をする習慣を持とう。

・うまくいったことは何だろうか?
・うまくいかなかったことは何だろうか?
・この次、やり方を変えるべきところはどこか?

●フィードバック

マインドフルネスと内省だけでは効果に限界がある。セルフ・アウェアネス（自己意識）を最大限に高めるためには他者からのフィードバックが必要になる。だがどんなフィードバックでもいいわけではない。理想的には、有能で信頼できる人からの、正直で実際的で、客観的なものが理想だ。一流の運動選手はこのためにコーチを抱えている。

この場合、誠実さは極めて重要だ。大げさなほどポジティブあるいはネガティブなフィードバックはあまり役に立たない。あなたは本や映画、テレビなどによく出てくるこんな話を聞いたことがあるだろう。横暴な管理職がいる。彼はイエスマンに囲まれている。彼らはリーダーの決断を褒めそやすことしかしない。同じ職場に謙虚で献身的な人物がいる。彼はいい加減なライバルから常に批判され、けなされている。

これは現実によくあることだ。ありふれた状況だからこそ、決まり切った物語として繰り返されているのだろう。そして最後はだいたい、大きな問題を引き起こす。私たちに必要なのは、うまくいくこととといかないこと、変えるべきことについての、信頼できる人からの正直で客観的なフィードバックだ。そして彼らは有能でなければならない。十分なスキルと情報を持ち、自分がしゃべっていることを自分で理解しているだけの経験を持った人物であるべきだ。

私たちが、創造分野、スポーツ、ビジネス、子育て、社交など、自分が選択した分野で向上したいのなら、信頼できる優秀な師《グル》やコーチ、アドバイザーなど、私たちの行動を観察・考察し、役に立つフィードバックをくれる人を見つけることが望ましい。これは時に対立的になるし苦痛も生む。しかし誠実さと尊敬、客観性と思いやりがあれば、その価値は計り知れない。

人々からの一方的なフィードバックも有益だ。誰かに罵られたり、侮辱されたり批判された時、そこに何らかの真実がないか見てみるのは役に立つ。たとえば私は、長年多くの人に傲慢だと言われてきた（特に妻からは）。私は当初否定していた。そういう意見は無視するか、相手を批判することで反撃していた（私が妻を何と呼んだかは〝言わぬが花〟だろう）。現在の私は違った対応をする（いつもではないが）。ひと呼吸置き、思考・感情に気づき、内省し、相手の批判で当たっているものがないか考える。私がずっと習慣としてきた、心を開き興味をもって物事を見るやり方を使うのだ。そして批判に正しい部分があるなら、うまくいったことといかなかったことについて考察し、別の行動ができないか考える。そして私はマインドフルに答え、価値に従って行動する。自分の傲慢さを詫び、尊敬をもって自分を表現するのだ（ただしいつもではない）。

■セルフ・アウェアネスと自己不信

セルフ・アウェアネス（自己認識）は自己不信を乗り越える上で特に重要な役割を果たす。ラジオ・トリプルFは絶えず私たちの欠点を放送し続けている。「私は無能だ」「私は退屈だ」「僕は運動神経がにぶい」「俺は下手くそな選手だ」「私はこの仕事に向いていない」「私にはオリジナリティーがまったくない」「僕は偽物だ」「誰も僕のことなんか好きじゃない」「僕には才能がない」「私は冗談が言えない」など。自分には本当に必要なスキルが欠けているのか、それとも心による中傷なのか、どうすれば判断できるだろう?

特に社会的信頼についての場合、これはとても重要な質問だ。第10章で触れたように、社会不安を抱える人のほとんどが、社交のスキルが欠けているわけではない。問題は、彼らがネガティブな自己評価（私はあまりににぶい／退屈だ／間抜けだ／人に好かれない、など）あるいは辛辣な自己批判（ああ、またうまくいかない。何であんなことを言ってしまったんだ?）とフュージョン（融合）してしまっていることだ。彼らは不安の感情と戦うのに忙しく、人々との交流に集中できない。これは二つの大きな問題を引き起こす。一つは人と触れ合う充実感が得られないことだ。現在に集中していなければそれを楽しむことはできない。次に、自分のふるまいについて、信頼できるデータが得られない。マインドフルに集中せず頭の中のコメントに気を取られていたら、相手の反応を正しく読めるわけがない。

同じ問題がインポスター症候群を含むあらゆる自己不信に当てはまる。そう、心の判断から逃れることは重要だが、それだけでは十分ではない。セルフ・アウェアネスを育てることが大事なのだ。つまり、必要なのは以下のことだ。

- 現在の課題にマインドフルに集中する。
- 後で、自分が直接観察したことを内省する（起こった出来事についての心のコメントを鵜呑みにするのとは正反対の行為だ）。
- それでも自分を信じられないなら、信頼できる有能な人から正直で中立なフィードバックをもらう。

■ベターかベストか

この章では、向上すること、前進すること、よりよくなることに焦点を当ててきた。私たちは自分が学び、成長し、進歩していることを実感できる限り、向上は自然なペースで起こればよいと考えている。他人より秀でることを目標としている訳ではないのだ。たとえば私が自転車に乗ることがうまくなりたいとする。だがそれを極めたいと思っている訳ではない。私はまた、ジムでウェイトリフティングをしたいと思っているが、それで他者に抜きんでたいとはこれっぽっちも思わない。だが私たちの多くは、単に向上するだけでは飽き足らず、自分に鞭打ち、最高を目指したいと思う分野を一つか二つ持っているものだ。

先に進む前に、私は声を大にして言いたい！　こうした態度を人生のあらゆる分野に持ち込まないことを強くお勧めする。もしあらゆることに全力を尽くそうとしているなら、あなたは完全主義に囚われている。自己啓発のグルは屋根の上で叫ぶ。「常にベストを尽くせ！　常に一〇〇％を目指せ！」。だがこれはストレスと燃え尽きへの処方箋だ。ランス・アームストロングは自分が一年を通してハードなトレーニングをしたら最高の力を発揮できなくなることを知っていた。休息の大切さを理解していたのだ。彼は一年のうち数カ月、意図的にプレッシャーから解放される。トレーニングを減らし、大きな大会への出場を避け、人生をエンジョイする。彼から学べることは多い。

この警告を心に留めた上で、あなたが最高の親、パートナー、恋人、ビジネスマン、企業家、芸術家、ミュージシャン、あるいはスポーツ選手になりたいなら、そしてその分野で自分の能力を最大に発揮したいなら、〝そこ〟を目指すために必要なものは何か考えてみよう。〝そこ〟とは……。

第22章　頂上を目指す

●彼は魂で語りかけていた。純粋に心を開いて、熱狂的に。言葉は自然に溢れ出し、一人ひとりの観客に届いていった。
●彼女は大観衆など意に介さず、黒豹のように宙に舞った。一連の流麗な動きの中で、ボールを持ち上げ、狙いをつけ、投げた。ボールはコートを横切り、バスケットに収まった。
●彼の指はピアノの鍵盤と一体になった。彼はメロディーに恍惚となり、音楽は彼の魂から湧き出してくるようだった。
●彼女は会話に夢中になるあまり、時計を見た時すでに二時間が経過していたのを知ってショックを受けた。

こうした現象をスポーツ選手たちは〝ゾーンに入る〟という。心理学者は〝フロー〟と呼ぶ。現在の行動に完全に没入している状態である。意識が集中し、時間が止まったように感じる。自意識はなくなる。心のコメントは止まる。集中を妨げるものは何もない。意識は完全に行動にフォーカスしている。今まで練習してきたスキルが一体となり、努力なくスムースな動きができる。体と心が完全に一致し、完璧なハーモニーを奏でている。最高の力が発揮できるのはこんな状態の時だ。これは自信のゲームの最後のルールにつながる。

ルール10
最高の力を発揮するカギは、行動に完全集中することだ。

■パフォーマンス（行動）の三つの段階

心理学者のフランク・ガードナーとゼラ・ムーアは『*The Psychology of Enhancing Human Performance*』（パフォーマンス向上の心理学／未訳）という素晴らしい著書の中で、パフォーマンスの三つの段階を示している。パフォーマンスの準備段階、パフォーマンスを実行する段階、パフォーマンス終了後の段階だ。読み進める前に覚えておいてほしい、スポーツやビジネス、そして演劇などの場合はこれらの三段階は非常に明確だが、子育て、絵を描く、人付き合い、本を執筆する等では各段階は不明瞭だ。段階は存在するが、境界線は非常に曖昧だ。

●パフォーマンスの準備段階

この段階は準備、トレーニング、練習などだ。本を読み、トレーニングをし、必須のスキルを練習する（特にマインドフルネスのスキル）。ここでは何度も自分の価値に立ち戻り（特に自己成長と粘り強さ）、練習をしない理由から何度も脱フュージョンし、不快感が起こったらスペースを作ってやり、スキルの練習に完全集中する。

●パフォーマンスを実行する段階

この段階では今までの準備が統合される。磨いたスキルを効果的に使う。重要なのは課題にフォーカスすることだ。言い方を変えれば、課題遂行のために最も重要なことに集中力を振り向ける。ボールを蹴る、本を書く、会議を仕切る、アイデアをシェアする、愛し合う、子供と遊ぶ、肖像画を描く、ギターを掻き鳴らす、スピーチをする等、何であっても、成功するための行動に必要な要素だけにスポットライトを当てるのだ。

いくつか、決してスポットライトを当ててはいけないものがある。自分がどのように見えるかについての思考、他の人間がどう考えるかの思考、自分の腕、足、口、頭をどのように動かしどこに置くか、自分の行動がどのくらいうまく、あるいはまずくいっているか、最終的な出来栄えはどうか、今から五分後にどうなっているか、五分前はどうだったか、もっとうまくやれる部分はないかなどの思考である。また、失敗、成功、マインドフルネス、今の自分の感情、失敗した部分、自分の強さ、弱さ、自分のパフォーマンスに対する人々の評価、うまくいかなかった部分、などについての思考にも注目してはならない。

これらの思考は私たちの集中力を現在の課題から逸らしてしまう。だが頭で理解し、自分に思考を止めるよう言っても無駄だ（信じられない人はやってみてほしい）。これらの思考に挑戦し、追い払おうとしたりポジティブアファメーションを唱えたりしても、課題にフォーカスするどころかさらなる集中の妨害が起こるだけである。

我々は何をすべきか？　ここで必要なのがマインドフルネスのスキルだ。役に立たない思考から脱フュージョンする、困難な感情の周囲を拡張する（スペースを作る）、そして課題に関連した経験に全面集中する。一流クリケットプレイヤー、ジャスティン・ランガーは、著書『*Seeing the Sunrise*』（日の出を見つめて／未訳）の中で、「投手がボールを放つ瞬間、打者として心を完全にボールに集中し、それ以外のことに向けてはいけない」と語っている。

役に立たない思考や困難な感情を消し去ることはできないが、それに居場所を作ってやり、現在のになる。

行動に集中し没入することはできる。これがうまくできるほど、パフォーマンスも素晴らしいものになる。

スキルが十分なレベルに達すると、私たちは〝ゾーン〟、あるいは〝フロー〟と呼ばれる状態に入れるようになる。だが十分でないと当然うまく行動できない。だがフローの状態を得ようと努力してはいけない。そうした努力はフローを遠ざける。(〝ゾーンに入らなければならない〟、〝どうしたらフローの状態になれるんだ?〟などの思考に囚われると行動に完全集中できなくなってしまう。)

フローは二つの状態から自然に湧き上がる。(a)課題をこなすのに十分なスキルがある。(b)現在の行動に完全に集中している。このようなマインドフルな状態にある時、最高の能力が発揮される。ゴルフクラブと一つになったゴルファー、聴衆と一体化した歌手、全く努力なしに言葉を紡ぐライター、そして、蝶のように舞いハチのように刺すボクサーのように。

●パフォーマンス終了後の段階

パフォーマンスが終わった後の対応は、パフォーマンス前やその最中と同じくらい重要だ。結果がどんなに素晴らしくても、あるいは惨憺《さんたん》たるものでも、一番適切な態度はそれをマインドフルに振り返り、そこから学んで成長することだ。心を開き、好奇心をもって三つの質問、うまくいったこと、いかなかったこと、次回変えるべきところ、を検討できるだろうか?

パフォーマンスに満足したなら、それを祝い、頑張ってきた自分を祝福しよう。(だが〝私はもっとも偉大だ〟という思考と融合しないように。)パフォーマンスが自分の期待以下だった場合、セルフ・アクセプタンス(自己受容)の練習が必要になる。厳しい自己評価から脱フュージョンし、自分に優しく話しかけ、価値に立ち戻り、経験から学び成長することに専念しよう。

私たちはこれが自然にできない。心が批判を始めるとすぐにそれに囚われてしまう。だが囚われたことに気づいたらすぐに逃れ、再び現在に意識を向ければよい。

最後にもう一つ。誰でも感謝されるのは嬉しいものだ。なので、自分自身に積極的に感謝するようにしよう。自分の真剣な姿勢に感謝する、うまくいったことすべてに感謝する、リスクを冒すのを恐れない自分に感謝する、そして特に重要なのが、それがどんな小さなものであれ、進歩した部分すべてに感謝する。これはセルフ・アクセプタンスの面だけでなく、自分のエネルギー、やる気、情熱を維持する上でも特に大切だ。

あなたは、これら三つのパフォーマンスの段階がゴールデンルールに沿って行われるべきなのに気づいたと思う。〝まず行動せよ。そうすれば自信はあとからついてくる〟。

自信の行動が多くなれば、つまり自分を頼り、トレーニングを積み、スキルを磨き、マインドフルネスを進化させ、コンフォートゾーンを出て困難に立ち向かい、失敗から学ぶなら、パフォーマンスはますます向上するだろう。そしてパフォーマンスが上がれば自信も大きくなる。だがこの順番を逆にすると、つまり自信が生まれるまで行動を起こさないようにすると、途端にすべてはうまくいかなくなる。

もう一つ覚えておくとよいのは、自信がある時でも恐れがなくなる訳ではないということだ。どんなに高い技術と実績があっても、何か大切なものが危機に晒されるなどの困難に出会うと、闘争・逃走反応が起こる。

■ちょうどよいバランスを見つける

どの新聞のスポーツ欄にも怪我をした選手の記事がある。それらはひどい痛みに耐えて戦った選手たちを称えている。有名なのはタイガー・ウッズの二〇〇八年のＵＳオープンでのプレイだ。関節鏡を使った二度の手術を経た彼の左膝は、試合中ひどく痛んだが、ウッズはトーナメントを制した。彼と戦ったケニー・ペリーは「彼は一本足で皆を倒した」と褒めたたえた。

本書の前半で私は、骨折した膝の激痛にもかかわらず目的への集中力を保ち続けたジョー・シンプソンの粘り強さを称賛した。だが気をつけなければいけないのは、この能力にはマイナス面もあるということだ。多くのアスリートが目標達成に集中するあまり、体への注意を怠ってしまう。その結果、自分を必要以上に痛めつけてしまい、怪我を悪化させるか、完全に治癒する前に試合に復帰して回復を遅らせてしまう。

同様のことはビジネスの世界にもある。多くのエリートが仕事に没頭して素晴らしい成果を残すが、結果としてうつや依存症、あるいは高血圧などの、ストレスから来る不調に悩まされる（心臓麻痺などもある）。

これは芸術家や作家、ダンサー、ミュージシャンなど、あらゆる種類の演技者に起こっている。結果を得ようと必死になるあまり、健康や幸福を顧みなくなってしまうのだ。こうしたやり方はいつまでも続かない。やがて必ず燃え尽き、怪我や病気を誘発する。

最高の能力を長期にわたって発揮するための方法は一つしかない。健康と幸福に留意することだ。そしてそれは体だけでなく人間関係も含む。悲しいことに、成功者の世界は様々な悲嘆、離婚、家族崩壊やストレスがらみの病気に満ちている。これは仕方のないことなのだろうか？

頂点を目指すには犠牲が必要だ。これは仕方ない。子育て、スポーツ、音楽、話術、執筆、販売、料理、バレエ等、何かを極めたいなら優先順位を決めなければならない。私たちは時間とエネルギー、努力を捧げるわけで、それは何かを犠牲にすることを意味する。時間とエネルギーを使う他の物事を諦めなければならないのだ。何を犠牲にするか、よく考える必要がある。くだらない深夜番組を諦めるのは賢いだろう。だが子供と共に過ごす大事な時間を削るのは？　答えは言うまでもないだろう。他のことを諦めて何かに思い切り集中すると、その分野に素晴らしい結果をもたらす。だが愛する人を無視し傷つけるとしたら、その犠牲は価値があるだろうか？

これには単純な解決法はない。私たちはいくつかの難問についてよく考える必要がある。最初の質問はこの分野で秀でることが嬉しいだろうか？　他者に抜きん出ることが大事だろうか？　というものだ。私たちは何かに突出することに大きな満足を見出すが、同時にバランスの取れた豊かな人生にも幸福を感じる。だが人々は時に、何らかの分野で圧倒的な存在になろうとして能力を注ぎこむ（私の場合、子育てをうまくやりたいが、同時に執筆でも傑出した存在になりたい。どちらも大変な仕事量だ）。すでに述べたように、何かに秀でたければ長い期間、かなりの犠牲が必要になる。自分に尋ねよう。「私は何を犠牲にするか？　そしてその価値はあるか？」この質問に答えられるのは自分だけだ。（これについてはよく考えてほしい。くれぐれも自己啓発のグルの〝何事にも常にベストを尽くすべきだ、最高を目指し一〇〇％の力を振り絞るべきだ〟的な、単純なキャッチフレーズを鵜呑みにしないでほしい。こうしたアドバイスを真に受けると惨めに燃え尽きるだけである。）

健康と幸福にマインドフルでありながら、愛と仕事と遊びの最高のバランスを見つけるのは誰にとっても難しい。完璧な答えを出せる人はいない。だが常日頃から心にとめていれば、必ず向上していくだろう。

あなたも是非やってみてほしい。週に一度、五分間、愛と仕事、遊び、健康についてうまくやっているかどうかを考える。それぞれの分野で価値に基づいた生き方をしているだろうか？　向上の余地はないか、バランスをとる必要はあるだろうか？　カレンダーか日記帳にその日をマークしておこう。〝毎週のチェックの日〟と呼ぶのもいいだろう。パートナーや信頼できる友人とそれについて語り合うのもよい。

　自分の体験から、このアドバイスを無視する方が楽なことを私は知っている。心はこう言って私たちを説得しようとする。〝大きな目標を達成してから人生のバランスを考えればいいよ〟。だが残念ながらこれはうまくいかない。一つの目標を達成すると、ほとんど間髪をいれずに次の目標が現れるからだ。ネルソン・マンデラはこう言っている。「大きな坂を上り切っても、上るべき坂は次々と現れる」。つまり……。

第23章　最期の瞬間までは終わりではない

世界に自分の存在の証しを残すのは大変だ。簡単だったら誰でも残しているだろう。だがそれは難しい。忍耐と、決意と、山ほどの失敗が必須となる。大事なのは、あなたが失敗を避けられるかどうかではない。なぜなら避けることは出来ないからだ。失敗を恥じて頑なになり動きを止めてしまうか、そこから学び、やり通すかが問題なのだ。

――バラク・オバマ

あなたはどうか知らないが、私は著者が自分の不完全さを認めてしまうような自己啓発本が好きだ。彼が普通の人間に感じられるからだ。時には、自分はすべての心の問題を克服し、けっして立ち止まらず、アイデアに困ったことなど一度もないと主張する著者に出会うことがある。一般人の経験とはあまりにかけ離れている気がして、私は今一つ信頼できない。世の中には完全な人間というものが存在するのかもしれないが、私には信じられない。

では告白の時間だ。私は過去何年もＡＣＴと深く関わってきた。それについて執筆し、教え、実践してきた。それは私にとって大いなる助けとなってくれた。だがそれでも、私は時々本書に書いたことのほとんどすべてを忘れてしまいそうになる。〝私にはできない〟〝私は大したことない〟の物語につかまる。時々回避モードに入る。価値とのつながりを失い、決意を忘れ、自己破滅的な行動に走る。なぜか？　私が普通の人間、不安定で不完全な人間だからだ。ちょうどあなたのように。そしてこれは誰にでも、繰り返し起こることだ。

私個人が現在抱えている最大の課題は健康だ。二〇代前半の私は肥満し、極めて不健康で軽度の高血圧症に悩まされていた。二〇代なかば、私は自分の体を気遣うようになった。エクササイズをし、食べるものに気をつけ、健康的な体重になった。その後は、再び太ったり極端な不健康に陥ることはないにせよ、多少の揺り戻しはある。非常に健康的な食生活をし、日常的に運動して良い状態を保つ時期があるかと思うと、エクササイズをやめ、チョコレートやクッキー、アイスクリームをむさぼり体重を増やすこともある。そしてこれはまずいな、と感じると再び健康指向に戻る。この繰り返しだ。とても理想的とは言えない。直すべきところはたくさんあるが、自分を責めても何も変わらない。

実際、私たちがどんなにマインドフルになり価値に沿った生き方をしても、たとえ私たちが禅の導師になったとしても、それを忘れてしまう時は訪れる。再びかつての悪習に戻り、自滅的な行動に走り、傷つき悩むのだ。

だが私たちの心はこれを受け入れない。完全であることを要求し、〝欠陥〟や〝弱さ〟を排除するよう要求する。そして望み通りにならないと私たちを責め立てる。だが現実が心の要求に応じることはない。〝完全〟はスーパーヒーローや魔術師、あるいは神のファンタジーの中にはあるかもしれないが、この地上には存在しない。

では、私たちは諦めるべきなのか?

そんなことはない! 私たちは決して完全にはなれないが、死ぬまで学び進歩することができる。私たちはもっと賢く、マインドフルになれる。より価値に沿った生き方ができる。そして気が進まない時でも行動できるようになる。つまり、「心理的柔軟性」、価値に従い開かれた心、深い認識、集中力をもって効果的に行動する能力を発達させていくことが可能なのだ。

私たちはまた、うまくいかなかったり失敗したり傷ついた時のために、セルフ・アクセプタンスや自分に対する思いやりを育てることができる。そして私たちが何度道から外れようと……。

■何度でもやり直すことができる

私は本書でランス・アームストロングを何度も引き合いに出しているが、彼の意見に全面的に賛成する訳ではない。彼の有名な言葉に「苦痛は一時的なものだが、やめたらそこでおしまいだ」というのがある。最初の部分、〝苦痛は一時的〟というのは正しいが、次の部分は間違いだ。やめたとしても、私たちが価値に従った行動を再開することで取り戻せる。

なので、ACTでは完全主義者のスローガン、〝やめるな〟〝決して諦めるな〟〝常にベストを尽くせ〟等を主張しない。これらは理屈の上では良さそうに思えるが、現実に、こうした理想をまっとうできる人間はいない。哲学者のハリダス・チャウドリはシンプルに述べている。「完全を追求するほどそれは遠ざかる」。

ACTでは〝私たちは皆不完全である〟という現実を受け入れるよう勧めている。人間は皆、辞め、諦め、途方に暮れる時がある。また、コミットメント（決意）することを勧めることもある。できるだけ長く道を外さないようにするため、道を外れたらすぐに気づくため、そこから再び挑戦を始めるためだ。つまり、ACTの実践には以下のことが必要なのだ。

A……　自分の思考と感情を受け入れる
C……　価値が示す方向を選択する
T……　マインドフルに行動する

■何事にも時間がかかる

〝ローマは一日にしてならず〟と言われるように、自信も一晩では構築できない。だがあなたは今や、人生の旅に必要なすべてを持っているし、自信がなくなる主な理由五つを知っている。

1. 過剰な期待
2. 厳しい自己評価
3. 不安に囚われる
4. 経験不足
5. スキルの不足

そしてあなたは解決方法も分かっている。

1. 過剰な期待から逃れる
2. セルフ・アクセプタンス（自己受容）と自分を勇気づけることを実践する
3. 恐れに居場所を作ってやる——そして可能であればそれを利用する
4. コンフォートゾーンから出て必要な経験をする
5. スキルを磨き、それを効果的に用い、結果を評価し、必要であれば改良する

これらのアプローチは私が〝真の自信〟と呼んでいるものをもたらす。真の自信は、あったりなく

なったりする心地良い感情ではなく、自分の資質だ。自分に頼り自分を信じる能力、自己に忠実で、基本的価値に従って行動し、感情に振り回されない能力だ。真の自信はテープやCDを聞いても培われない。努力と忍耐が必要だ。これは、人生の他のことにも当てはまる。心がいつもの理由づけを始めたら、それらの思考にお礼を言って行動を続けよう。

ACTの自信に対するアプローチは、〝成功するまで成功したふりをしろ〟ということだと解釈されることもある。これはまったく見当違いだ。何かのふりをする必要などまったくない。あなたがそのまま、ありのままの自分でいるのが一番よい。恐れや不安を感じた時、それがないふりをするよりも正直に認めてほしい。何よりまずその存在を自分に確認する。〝不安が現れたぞ〟〝恐れがやってきたな〟等。状況によってはそれを他者に対して認めるのもいいだろう。また、あなたが行動を起こす時は自分の価値に従ってマインドフルに行おう。何かのふりをする必要など全くないのだ。自分にとって重要な行動をし、現在していることに完全集中しよう。するとどうなるか？ あなたがそうしている時、あなたは既に〝成功〟しているのだ。あなたは即座に成功できるのだ！

■〝正しい〟ルール

以下に記したのは自信のゲームの〝正しい〟ルールだ。だがこれを読む前に忠告しておこう。ルールというものを忠実に実行しようとするのは危険だ。なのでこれらを軽く捉えてほしい。臨機応変に曲げたり改変したり、必要ならば無視してもよい。これは聖書の十戒ではないのだ！

この本に書いてあることはある意味すべて提案に過ぎない。読んだことを試すこともあるだろうし、やらないと決めることもあるだろう。私はどちらでも構わない（あなたも構わないならうれしい）。最もやって欲しくないのは私が言ったことを鵜呑みにすることだ。このルールは正しくこれは間違いだ、と決めてくれる裁判所は存在しない。自分で試し、結果を見てほしい。裁判官はあなたの経験だけだ。

●自信のゲームで勝つためのルール

1. まず自信の行動をせよ。そうすれば自信の感情はあとからついてくる。
2. 真の自信とは恐れのない状態ではない。それは恐れとの関係が変化した状態だ。
3. ネガティブ思考を持つのは正常なことだ。それと戦わず、脱フュージョンせよ。
4. セルフ・アクセプタンス（自己受容）は自尊心に勝る。
5. 価値を絶対視するな。しかし積極的に追い求めよ。
6. 真の成功とは、自分の価値に沿って生きることだ。
7. 成果に囚われるな。プロセスに情熱を注げ。
8. 恐れと戦ってはいけない。それを受け入れ、仲良くなり、役立つ方向に導こう。
9. 失敗は苦痛だ。だが私たちが進んでそこから学ぶなら、それは偉大な教師になる。
10. 最高の力を発揮するカギは、行動に完全集中することだ。

どうかこれらのルールを気軽に考えてほしい。機会あるごとに振り返り、柔軟に使ってほしい。では、いよいよ最後のしめくくりだ。それは……。

■私たちを待っているものは？

こうした本を書く時は常にバランスを気にかけなければならない。私は読者に可能な限り最高の人生を生きるよう励ましたい。だがもう一方では現実的であってほしい。あなたが〝私は望むことすべてを実現できる〟的な思考に夢中になると、しばらくは凧のごとく高く舞い上がれるだろう。しかしすべての凧がそうであるように、最後は地上に落ちることになる。その辺はしっかり見きわめたい。人生の旅には浮き沈みがあること、いい気分も最悪の気分も、喜びも痛みもあることを理解してほしい。成功と失敗、勝利と不幸、大躍進と大失敗も起こるだろう。サー・ウィンストン・チャーチルの言葉を心に留めておこう。「成功したらすべてが終わるわけではない。失敗は致命的ではない。大切なのは続ける勇気だ」。

私は〝courage（勇気）〟という言葉が好きだ。これはラテン語の〝cor（心）〟からきている。つまり〝勇気〟は心の中にあることを行動に移すということだ。自分の価値に従って行動しよう！

人々が勇気を持って行動する時に感じる、共通した感情はなんだろう？

〝恐れ〟だ。

つまり勇気とは恐れのない状態ではない。勇気とは、恐れを抱えながらも大切なことを実行することだ。そしてこれは私たちをヘレン・ケラーの話に引き戻す。本書の「はじめに」の、彼女の最も有名な言葉を覚えているだろう。実はあれは完全な引用ではない。全文は次のようなものだ。

安全とは迷信のようなものだ。それはこの世に存在しない。人間は誰一人安全ではない。危険を避けることは、長い目で見ればそれに身を晒すのと同じくらい危険なことだ。人生とは思い切った冒険か、さもなければ無だ。

――ヘレン・ケラー

もし人生において思い切った冒険を選ぶなら、コンフォートゾーンから出て成長し、探究し、困難に挑戦するなら、大胆な冒険に出発した人々と同じ思いを感じることになるだろう。

心臓は高鳴り、汗をかき、胃はむかつくだろう。心配から不安、ストレスから自己不信、高揚からパニックまで、恐怖は様々な形をとって現れる。さらに、心が私たちに向かって叫ぶ時もある。〝たすけてー、許してくれー。僕は降りたい、これは酷すぎる、手に負えないよ、僕にはどうにもできない〟。

だが、もしこうした感情に居場所を作ってやり、思考から逃れ、自分の価値に従って完全に集中すれば、私たちは自由になれる。自分がなりたい人物として自由に振る舞うことができる。自分にとって本当に大事なことができる。そして自分の人生を真の自信と共に生きられるのだ。

謝辞

最初に、わが妻カーメルにトラック数億台分もの感謝を。彼女の愛と助力、私のミューズ（文芸の神）であり続けてくれたこと、アイデアの源泉となってくれたこと、私の浮気（コンピュータとの）に耐えてくれたこと、私がキーボードを叩いている間、家族の面倒を見てくれたこと、そして執筆中、〝こんなものはゴミだ〟という思いに囚われた私を励ましてくれたことに心から感謝する。

また、いつものことだがACTの始祖であるスティーブン・ヘイズに、エベレスト並みに高い感謝を。また、同様の感謝をケリー・ウィルソンとカーク・ストローサルに。私にとって二人はインスピレーションの巨大な源である。また、フランク・ガードナーにも特にお礼を申し述べたい。ACTにおける彼のピーク・パフォーマンスについての業績は、私の診療に多大な影響を与えた。価値についてのワークシートを快く使わせてくれたトッド・カシュダンにも感謝を。惜しみないサポートをくれた世界中のACTコミュニティーにも感謝を捧げる。本書の多くのアイデアはリストサーブ（電子メール送付システム）のメーリングリストでのディスカッションから生まれたものだ。

次に、大声で〝ありがとう！〟と叫びたいのは、私のエージェント、サミー・ユステセンだ。彼女の素晴らしい仕事に感謝する。ペンギン・オーストラリアのスタッフ全員にも、巨大な感謝が詰まった積荷をいくつかお届けしたい。特にイングリッド・オールソンとジョセリン・ハンガーフォードの献身と気遣い、そして本書に注いでくれた配慮に感謝する。

最後に、この星で私のことを〝お父さん〟と呼んでくれる特別な存在、私の人生に多くの愛と喜び、感嘆をもたらしてくれたマックスに心からありがとうを言いたい。

参考文献とラス・ハリスの著作

●参考文献

Armstrong, Lance. 2003. *Every Second Counts*. New York: Broadway Books.『毎秒が生きるチャンス!』ランス・アームストロング著、曽田和子訳、学習研究社（二〇〇四）

Baumeister, Roy F., Jennifer D. Campbell, Joachim I. Krueger, and Kathleen D. Vohs. 2003. Does high self-esteem cause better performance, interpersonal success, happiness, or healthier lifestyles? *Psychological Science in the Public Interest* 4, no.1(May):1-44.

Dr. Seuss Enterprises. 1990. *Oh, the Places You'll Go!* New York: Random House.『きみの行く道』ドクター・スース著、いとうひろみ訳、河出書房新社（二〇〇八）

Gardner, Frank L. and Zella E. Moore. 2007. *The Psychology of Enhancing Human Performance: The Mindfulness-Acceptance-Commitment (MAC) Approach*. New York: Springer Publishing.

Harris, Russ. 2008. *The Happiness Trap: How to Stop Struggling and Start Living*. Boston: Trumpeter Books.『幸福になりたいなら幸福になろうとしてはいけない――マインドフルネスから生まれた心理療法ACT入門』ラス・ハリス著、岩下慶一訳、筑摩書房（二〇一五）

Hayes, Steven C., Kirk Strosahl, and Kelly G. Wilson. 1999. *Acceptance and Commitment Therapy: An Experiential Approach to Behavior Change*. New York: Guilford.『アクセプタンス&コミットメント・セラピー（ACT）第2版』スティーブン・C・ヘイズ、カーク・D・ストローサ

ル、ケリー・G・ウィルソン著、武藤崇、三田村仰、大月友監訳、星和書店（二〇一四）

Jones, G., S. Hanton, and A.B.J. Swain. 1994. Intensity and interpretation of anxiety symptoms in elite and non-elite sports performers. *Personality and Individual Differences* 17: 657-63.

Jones, G., A.B.J. Swain, and L. Hardy. 1993. Intensity and direction dimensions of competitive state anxiety and relationships with performance. *Journal of Sports Sciences* 11:525-32.

Jones, J.C., T.J.Bruce, and D. H. Barlow. 1986. The effects of four levels of "anxiety" on sexual arousal in sexually functional and dysfunctional men. Poster presented at the Annual Conference of the Association for Advancement of Behavior Therapy, Chicago.

Kashdan, Todd. 2009. *Curious?*. New York: HarperCollins.『頭のいい人が「脳のため」に毎日していること』トッド・カシュダン著、茂木健一郎訳、三笠書房（二〇一〇）

Langer, Justin. 2008. *Seeing the Sunrise*. Crows Nest, NSW, Aus.:Allen and Unwin.

Mandela, Nelson Rolihlahla. 1994. *Long Walk to Freedom*. London: Abacus.『自由への長い道　ネルソン・マンデラ自伝』ネルソン・マンデラ著、東江一紀訳、NHK出版（二〇一四）

Rich, A. R., and D.K. Woolever. 1988. Expectancy and self-focused attention: Experimental support for the self-regulation model of test anxiety. *Journal of Social and Clinical Psychology* 7: 246-59.

Shubin, Neil. 2008. *Your Inner Fish*. London: Penguin Books.『ヒトのなかの魚、魚のなかのヒト——最新科学が明らかにする人体進化35億年の旅』ニール・シュービン著、垂水雄二訳、ハヤカワ・ノンフィクション文庫（二〇一三）

Simpson, Joe. 1988. *Touching the Void*. New York: Harper and Row.『死のクレバス——アンデ

ス氷壁の遭難』ジョー・シンプソン著、中村輝子訳、岩波書店（一九九一）

Stengel, Richard. 2008. Mandela: His 8 lessons of leadership. *Time*, July 9.

Swain, A.B.J., and G. Jones. 1996. Explaining performance variance: The relative contribution of intensity and direction dimensions of competitive state anxiety. *Anxiety, Stress, and Coping: An International Journal* 9:1-18.

Wood, J. V., W. Q. Perunovic, et al. 2009. Positive self-statements: Power for some, peril for others. *Psychological Science* 20, no.7 (July):860-66.

●ラス・ハリスの著書

『幸福になりたいなら幸福になろうとしてはいけない――マインドフルネスから生まれた心理療法ACT入門』（Happiness Trap）岩下慶一訳、筑摩書房（二〇一五）

世に流布している幸福の概念の多くは、不正確で、人々を惑わし、惨めな結果をもたらすものだ。『幸福になりたいなら幸福になろうとしてはいけない』は、こうした〝幸福の罠〟にはまることなく、人生を豊かで充実した、意義深いものにするためのガイドブックだ。心理療法ACTをベースに、仕事のストレスから依存症、日常の不安からうつ、子育てのプレッシャーから末期疾患まで、様々な状況に対応が可能だ。本書は世界中のACTセラピストと彼らの患者に読まれており、十五か国語に翻訳されている。ウェブサイト www.thehappinesstrap.com では本書に関連する多くの資料が掲載されている（英語のみ）。

『相手は変えられない　ならば自分が変わればいい――マインドフルネスと心理療法ＡＣＴでひらく人間関係』（ACT With Love）岩下慶一訳、筑摩書房（二〇一九）

『相手は変えられない　ならば自分が変わればいい』は、一般的な人間関係の問題にＡＣＴの原理を応用した、示唆に富んだ有益な自己啓発本だ。いかにして、対立・闘争・断絶を、許し・受容・親密さ、そして真の愛に変えていくか、その方法を伝授する。

『よくわかるＡＣＴ（アクセプタンス＆コミットメント・セラピー）――明日からつかえるＡＣＴ入門』（Act Made Simple）武藤崇監訳、星和書店（二〇一二）

ＡＣＴに初めて接する人にも、経験豊かなＡＣＴのセラピストにも役に立つ、実用的で楽しさに溢れたテキストブック。ＡＣＴのコア・プロセスの解説から、実社会での利用方法、コーチングやカウンセリングの現場においての迅速で効果的な応用までを明快に説明する。ＡＣＴテクニックを用いてクライアントに劇的な効果をもたらすために必要なすべてのトレーニングが、本書に網羅されている。

索引

*は言葉自体は出てこないけれど、その言葉の内容をあらわしている箇所です。

ラス・ハリス Russ Harris

医師で心理療法士、ストレスマネージメントの権威でもある。自らもアクセプタンス&コミットメント・セラピー（ACT）で不安との戦いを乗り越えた経験をもつ。著書『幸福になりたいなら幸福になろうとしてはいけない』が30か国で読まれるベストセラーとなり、世界各地でマインドフルネスの活用方法を指導するワークショップを行う。英国生まれで現在はオーストラリア・メルボルン在住。

岩下慶一 Keiichi Iwashita

ジャーナリスト・翻訳家。ワシントン大学コミュニケーション学部修士課程修了。主に米国の文化・社会をテーマに執筆を行っている。翻訳書にクレイ・シャーキー『みんな集まれ　ネットワークが世界を動かす』、ラス・ハリス『幸福になりたいなら幸福になろうとしてはいけない』『相手は変えられない　ならば自分が変わればいい』『定本 ハピネス・トラップ』、ドナルド・J・トランプ『タフな米国を取り戻せ』、ロバート・キヨサキ『金持ち父さんの「これがフェイクだ！」』（以上、筑摩書房）、デイヴィッド・ゲレス『マインドフル・ワーク』（NHK出版）など。

自信《じしん》がなくても行動《こうどう》すれば
自信《じしん》はあとからついてくる
マインドフルネスと心理療法《しんりりょうほう》ACT《アクト》で人生《じんせい》が変《か》わる

2021年1月30日　初版第1刷発行
2024年7月15日　初版第7刷発行

著　者　ラス・ハリス
訳　者　岩下慶一
発行者　増田健史
発行所　株式会社　筑摩書房
東京都台東区蔵前2-5-3　〒111-8755
電話番号　03-5687-2601（代表）

装　幀　入倉直幹（井上則人デザイン事務所）
印刷・製本　中央精版印刷株式会社

ISBN 978-4-480-84321-0 C0011

◉筑摩書房の本◉

幸福になりたいなら幸福になろうとしてはいけない
マインドフルネスから生まれた心理療法ACT《アクト》入門

ラス・ハリス
岩下慶一訳

「幸福になりたい」と願う心があなたを幸福から遠ざける。欧米で人気の「マインドフルネス」で、自分の身体や気持ちの状態に気づく力を育てて罠から抜け出そう。

相手は変えられないならば自分が変わればいい
マインドフルネスと心理療法ACTでひらく人間関係

ラス・ハリス
岩下慶一訳

「私は正しい。間違ってるのはそっち!」と繰り返していても何も解決しない。争いをやめてお互いの違いを認め、心を開いてつながりを深める方法を学ぼう。

完全版　不安のメカニズム
ストレス・不安・恐怖を克服し人生を取り戻すためのセルフヘルプガイド

クレア・ウィークス
白根美保子訳
森津純子監修

不安の正体を知ればその症状は改善できる。不安に苦しむ人々と長く向き合ってきた女医が優しく力強く語りかける、50年以上も読み継がれるロングセラー。

パニック障害からの快復
こうすれば不安や恐怖は改善できる

S・スウィード
S・S・ジャフ
香川由利子訳

人ごみで突然、息苦しさや動悸、めまいなどに襲われるパニック障害。元患者と医者が協力して作った快復のための生活改善プログラムを紹介。元患者の体験談満載。

死別の悲しみを癒すアドバイスブック
家族を亡くしたあなたに

キャサリン・M・サンダーズ
白根美保子訳

愛する人の死がもたらす悲しみは、予想を超えて深くまた長引くもの。死別の悲しみを乗り越え新たな人生を生きるための考え方や具体的な対処法をアドバイスする。